AF561829

TRAITÉ

D'ARCHITECTURE.

PARIS. — IMPRIMÉ PAR E. THUNOT ET Cie, RUE RACINE, 26, PRÈS DE L'ODÉON

Le Tirage des Planches en taille-douce est confié aux soins de M. LESAUVAGE, rue de la Sorbonne, 6.

TRAITÉ
D'ARCHITECTURE

CONTENANT

DES NOTIONS GÉNÉRALES SUR LES PRINCIPES DE LA CONSTRUCTION
ET SUR L'HISTOIRE DE L'ART,

PAR

LÉONCE REYNAUD,

INGÉNIEUR EN CHEF DES PONTS ET CHAUSSÉES, PROFESSEUR D'ARCHITECTURE A L'ÉCOLE POLYTECHNIQUE, ETC.

PREMIÈRE PARTIE.

ÉLÉMENTS DES ÉDIFICES.

PLANCHES.

PARIS.

LIBRAIRIE POUR L'ARCHITECTURE,

CARILIAN-GOEURY ET Vve DALMONT, ÉDITEURS,

LIBRAIRES DES CORPS DES PONTS ET CHAUSSÉES ET DES MINES.

Quai des Augustins, n° 49,

Près la rue des Grands-Augustins.

1850

TRAITÉ D'ARCHITECTURE.

PREMIÈRE PARTIE.

TABLE DES PLANCHES.

NUMÉROS DES FIGURES.	NUMÉROS DES PLANCHES ET SUJETS DES FIGURES.	PAGES DU TEXTE.
	PLANCHE 1.	
1 à 11	Résistance des corps à la rupture	110 à 123
12	Fondation sur le roc	128
13	Fondation sur pilotis	129 et 130
14	Fondation par caissons	132 et 133
15	Fondation sur massif de béton	133
16	Fondation sur piles	130
17	Disposition des empatements de fondations	137
	PLANCHE 2.	
1	Construction cyclopéenne	139
2 à 5	Constructions en pierre de taille des antiquités grecque et romaine	141
6	Ruptures par suite d'irrégularités dans la taille des lits des pierres	140
7 et 8	Dispositions de moellons	142
9 à 11	Dispositions de briques	142
12	Opus incertum	143
13	Opus reticulatum	144 et 161
14	Maçonnerie de blocage avec revêtement en briques et moellons	144
15	Maçonnerie de blocage avec revêtement en briques triangulaires	144
16	Mur de soutenement parementé en pierre de taille	145
17	Construction graphique relative à l'épaisseur des murs	150
	PLANCHE 3.	
1 et 2	Murs de soutenement avec contre-forts extérieurs	157
3 à 6	Refends et bossages	158 à 161
7	Mur exécuté en maçonnerie mixte	147
8 et 9	Décoration des murs	161 et 162
	PLANCHE 4.	
1 à 3	Dispositions de colonnes et d'entablements	164 à 166
4	Disposition d'une architrave	166
5	Dés en bois des colonnes du Parthénon	166
6	Mode de construction d'entablement	167, 456
7	Inclinaison des axes des colonnes	173 et 174
8 à 12	Galbes de colonnes	174 à 176

NUMÉROS DES FIGURES.	NUMÉROS DES PLANCHES ET SUJETS DES FIGURES.	PAGES DU TEXTE.
	PLANCHE 5.	
1 à 12	Moulures	180
13 et 14	Forme scientifique des moulures	181 et 182
15 et 16	Entablement en charpente, et disposition générale d'une corniche en pierre	196 à 198
	PLANCHE 6.	
1 à 10	Ornements tirés de divers monuments de l'antiquité	182 à 184
	PLANCHE 7.	
1	Colonnes d'ordre dorique	204 et 205
2	Colonnes d'ordre ionique	204, 205 et 218 à 221
3	Colonnes d'ordre corinthien	204, 205 et 232 à 233
	PLANCHE 8.	
1 à 3	Chapiteau et entablement doriques	205 et 206
	PLANCHE 9.	
1 et 2	Base et piédestal doriques	206
3 et 4	Décoration des fûts de colonnes doriques	206 et 207
	PLANCHE 10.	
1 à 4	Chapiteau et entablement ioniques	219 à 221
5 à 8	Tracé de la volute ionique	
	PLANCHE 11.	
1 et 2	Base et piédestal ioniques	221
3 et 4	Chapiteau et base d'un pilastre ionique	221 et 240
5	Base ionique de Vitruve	221
	PLANCHE 12.	
1 et 2	Chapiteau et entablement corinthiens	223 à 225
3 et 4	Chapiteau d'un pilastre corinthien	230
5 à 7	Détails de la corniche	231 et 232
	PLANCHE 13.	
1 et 2	Base et piédestal corinthiens	234
3 à 6	Cannelures de colonnes ioniques et corinthiennes	221 et 233
	PLANCHE 14.	
1 à 4	Élévation et détails du temple de Neptune, à Pœstum	195 à 199 et 293
	PLANCHE 15.	
1	Détail des colonnes, des antes et de l'entablement de l'intérieur du pronaos du temple de Neptune, à Pœstum	239
2	Détail des annelets et de l'astragale des colonnes extérieures de ce temple	196
3	Plan de ce temple	195 et 236
4	Détail de l'ordre extérieur du Parthénon	200
5	Plan des mutules de la corniche	
6	Détail des annelets des colonnes	
7	Plan de ce temple	
	PLANCHE 16.	
	Élévation du Parthénon	199, 200, 293 et 294

NUMÉROS DES FIGURES.	NUMÉROS DES PLANCHES ET SUJETS DES FIGURES.	PAGES DU TEXTE.
	PLANCHE 17.	
1 à 7	Élévation, plan et détails du temple d'Hercule, à Cora	200, 236, 239, 273 et 293
	PLANCHE 18.	
1	Ordre dorique du théâtre de Marcellus, à Rome	202
2	Ordre dorique mutulaire de Vignole	203
3	Ordre dorique de Jean Bullant	203 et 204
4	Ordre toscan de Serlio	209
	PLANCHE 19.	
1 à 4	Élévation, plan et détails du temple de Junon Matuta, à Rome	208, 209 et 293
	PLANCHE 20.	
1 à 7	Élévation, plan et détails du temple de Minerve Poliade, à Athènes	211 à 214, 217, 236, 239 243, 273, 293 et 307
	PLANCHE 21.	
1 à 5	Élévation, plan et détails du temple de la Fortune virile, à Rome	216, 236 et 293
	PLANCHE 22.	
1	Ordre ionique du portique du Forum triangulaire, à Pompeï	215
2	Ordre ionique de Scamozzi	217
3	Ordre ionique du temple de l'Espérance, à Rome	216 et 217
4	Ordre ionique du théâtre de Marcellus, à Rome	217
5 et 6	Élévation et plan d'un chapiteau ionique du temple d'Apollon, à Bassæ	215 et 227
7	Fragment du plan de ce temple	215 et 227
	PLANCHE 23.	
1 à 5	Élévation, plan et détails du temple de Vesta, à Tivoli	229, 230, 233, 273, 276 et 307
	PLANCHE 24.	
1 à 7	Élévation, plan et détails du temple de Minerve, à Assise	230, 231, 236, 293 et 296
	PLANCHE 25.	
1	Ordre corinthien du monument choragique de Lysicrates, à Athènes	227 et 228
2	Ordre corinthien de l'arc de triomphe de Titus, à Rome	234
3	Ordre corinthien du Colysée, à Rome	232
4	Ordre corinthien de Bramante	235
5	Chapiteau tiré de l'intérieur du temple d'Apollon, à Bassæ	226 et 227
6	Chapiteau corinthien du temple de Diane Laphria, à Messène	235
7	Chapiteau corinthien du portique des douze Dieux, à Rome	235
	PLANCHE 26.	
1 à 6	Élévation principale, fragment d'élévation latérale, et détails des cariatides du Pandroséion, dans l'Acropolis d'Athènes	243, 246 et 247
7	Cariatides de Jean Goujon, au Louvre	244, 247 et 302
	PLANCHE 27.	
1	Arcades sur pieds-droits avec refends ou bossages	249 à 251
2	Arcades sur pieds-droits avec imposte et archivolte	251 et 252
3	Arcades sur colonnes	257 à 259
4	Détail de la corniche de la fig. 1	251

NUMÉROS DES FIGURES.	NUMÉROS DES PLANCHES ET SUJETS DES FIGURES.	PAGES DU TEXTE.
5 à 7	Détails de l'archivolte, de l'imposte et de la corniche de la fig. 2	252
8 et 9	Détails de l'archivolte et de la corniche de la fig. 3	259
	PLANCHE 28.	
1	Arcades de l'église de Saint-Laurent, à Rome, par Bramante	255 à 257
2	Arcades du palais de Venise, à Rome	260 et 261
	PLANCHE 29.	
1	Arcades avec colonnes doriques	
2	Arcades avec colonnes ioniques	262 et 263
3	Arcades avec colonnes corinthiennes	
4 à 6	Détails des impostes et des archivoltes des fig. 1, 2 et 3	
7 et 8	Clefs d'arcades	263
	PLANCHE 30.	
1	Fragment de l'élévation d'un portique du château des Tuileries, par Philibert Delorme	265 et 266
2	Fragment du plan de ce portique	
3	Fragment du portique du premier étage de la basilique de Vicence, par Palladio	264 et 265
4	Fragment du plan de ce portique	
5	Détail d'une des colonnes du portique représenté fig. 1	223
6	Colonne du rez-de-chaussée de l'aile du Louvre, sur le quai	208 et 282
	PLANCHE 31.	
1 à 7	Diverses formes de fenêtres	269 à 272
	PLANCHE 32.	
1 et 2	Fenêtres du temple de Vesta, à Tivoli	276
3	Fenêtre du palais de la Chancellerie, à Rome, par Bramante	276 et 277
4	Fenêtre du palais Massimi, à Rome, par B. Peruzzi	277
5	Fenêtre du palais Sacchetti, à Rome, par San Gallo	277
6	Fenêtre de la cour du Louvre, par Pierre Lescot	277 et 278
	PLANCHE 33.	
1	Porte d'un temple d'Agrigente	272
2	Porte du temple de Vesta, à Tivoli	273
3	Porte du temple d'Hercule, à Cora	273
4	Porte du temple de Minerve Poliade, à Athènes	273 et 274
	PLANCHE 34.	
1	Porte du palais Massimi, à Rome, par B. Peruzzi	274
2	Porte de l'église de Saint-Michel, à Bologne, par B. Peruzzi	274
3	Porte du palais de la Chancellerie, à Rome, par Vignole	275
4	Porte d'après Serlio	275
	PLANCHE 35.	
1 et 2	Portes en arcades avec pilastres	
3	Porte dans l'arsenal de Venise, par San Micheli	275 et 276
4	Porte d'après Serlio	
	PLANCHE 36.	
1	Fragment de l'élévation du palais de la Chancellerie, à Rome, par Bramante	280, 281 et 291
2	Détail du soubassement de ce palais	281

NUMÉROS DES FIGURES.	NUMÉROS DES PLANCHES ET SUJETS DES FIGURES.	PAGES DU TEXTE.
3	Pavillon du Louvre, dit de Charles IX	161 et 281
	PLANCHE 37.	
1	Fragment de l'élévation d'un palais de Vicence, par Palladio	283, 285 et 286
2	Fragment de l'élévation du palais de l'école des Beaux-Arts, à Paris	283 et 290
3 à 6	Détails de cette élévation	290
	PLANCHE 38.	
1	Plan d'une partie de la façade du Louvre, sur la cour	288
2	Élévation restaurée d'une partie de la façade du Louvre, sur la cour	275, 286 à 290 et 509
3 à 6	Détails de cette façade	288 à 290
	PLANCHE 39.	
1	Corniche du palais de la Chancellerie, à Rome, par Bramante	291
2	Corniche du château de Caprarola, par Vignole	292
3	Corniche du Louvre	231 et 292
4	Corniche d'une église dans le faubourg du Peuple, à Rome, par Vignole	292
5	Corniche de l'église du Rédempteur, à Venise, par Palladio	
	PLANCHE 40.	
1	Corniche de l'enceinte du temple de Mars Vengeur, à Rome	292
2	Corniche du pont de Rimini	
3	Corniche du pont Saint-Michel, à Paris	
4	Corniche du viaduc de Dinan	293
	PLANCHE 41.	
1 et 2	Parapet en pierre	300
3 à 9	Barrières en marbre de l'architecture romaine	300 et 301
10 et 11	Balustrade du petit palais Farnèse, à Rome, par B. Perruzzi	301
12 et 13	Balustrade du château de Caprarola, par Vignole	301
14 à 17	Divers dessins de balustrades en pierre, en briques ou en tuiles	302 et 303
	PLANCHE 42.	
1	Plan et coupe des caissons du pronaos du temple de Thésée, à Athènes	230, 306 et 307
2	Plan et coupe des caissons du pronaos du temple de Minerve Poliade, à Athènes	307
3	Plan et coupe d'un des caissons du portique du temple de Mars Vengeur, à Rome	308 et 309
4	Plan et coupe des caissons du portique du temple de Vesta, à Tivoli	307
5	Plafond d'un des escaliers du Louvre, par Jean Goujon	308 et 309
6	Coupes de ce plafond	
7	Soffitte du portique des douze Dieux, à Rome	309
	PLANCHE 43.	
1 à 15	Dispositions de voûtes	312 à 317
	PLANCHE 44.	
1 à 12	Divers modes de rupture des voûtes	319 à 334
13	Coupe du trésor d'Atrée à Mycènes	310 et 311
14 et 15	Procédé graphique pour faciliter les calculs relatifs à la poussée des voûtes	323 à 327
16	Fragment de coupe de l'abbaye des Hommes, à Caen	327
17 à 19	Coupe, détails et fragment du plan de l'église Saint-Ouen, à Rouen	335 et 336
	PLANCHE 45.	
1 et 2	Coupes d'une voûte en berceau décorée d'arcs doubleaux	339

NUMÉROS DES FIGURES.	NUMÉROS DES PLANCHES ET SUJETS DES FIGURES.	PAGES DU TEXTE.
3 et 4	Coupes d'une voûte en berceau décorée de caissons	343 et 344
5 et 6	Développement et coupe des caissons de l'arc de Titus, à Rome	341
7 et 8	Développement et coupe des caissons de la grande voûte de l'Arc de Triomphe de l'Étoile, à Paris	341
9 et 10	Développement et coupe des caissons des arcs doubleaux de la grande voûte en berceau de Saint-Pierre de Rome	341 et 342
11 et 12	Développement et coupe de caissons octogones	342
13	Développement de la moitié d'une des voûtes des *Stanze* du Vatican, par Raphaël	342
	PLANCHE 46.	
1 à 3	Décoration de voûtes d'arête	345 à 347
4 et 5	Décoration de voûtes en arc de cloître	347 et 348
6	Coupe et élévation du dôme de Saint-Pierre de Rome	348 et 349
7 à 9	Détails des contre-forts, des arcs doubleaux et des nervures extérieures de ce dôme	349
10	Tracé des caissons dans les voûtes sphériques	349 à 351
11	Décoration des culs de four sur pendentifs	351 et 352
	PLANCHE 47.	
1 et 2	Marches soutenues par leurs deux extrémités	353 et 354
3 et 4	Marches supportées par une voûte en descente	353 et 354
5 et 6	Escalier circulaire à noyau plein	354 et 355
7 et 8	Escalier soutenu par une voussure	356
9 et 10	Fragments de plan et d'élévation latérale d'un escalier suspendu à limon	357 et 358
11 et 12	Fragments de plan et d'élévation latérale d'un escalier suspendu sans limon	357 et 358
13	Formule graphique relative aux proportions à observer entre les largeurs et les hauteurs des marches	358 à 360
	PLANCHE 48.	
1 à 32	Assemblages de charpente	370 à 374
	PLANCHE 49.	
1 à 9	Dispositions de pans de bois	374 à 377 et 455
	PLANCHE 50.	
	Maison à Lisieux	378 et 379
	PLANCHE 51.	
1 à 12	Dispositions de planchers	381 à 383
	PLANCHE 52.	
1 à 6	Dispositions de planchers en cas d'insuffisance de longueur dans les pièces de bois	383 et 384
	PLANCHE 53.	
1 à 6	Poutres armées	117, 384 et 385
7 à 10	Clôtures de planchers	387 et 388
	PLANCHE 54.	
1 à 12	Décorations de planchers	390 à 392 et 394
	PLANCHE 55.	
1 et 2	Moitié du plan et profil d'un plafond du Palais-Vieux, à Florence	392
3 et 4	Moitié du plan et profil du plafond de la chambre de Henri II, au Louvre	392 et 393
	PLANCHE 56.	
1 et 2	Fragments de plan et de coupe d'un plafond du Palais-Vieux, à Florence	393

NUMÉROS DES FIGURES.	NUMÉROS DES PLANCHES ET SUJETS DES FIGURES.	PAGES DU TEXTE.
	PLANCHE 57.	
1 à 7	Fermes en charpente	396 à 399
	PLANCHE 58.	
1 à 5	Fermes en charpente	399 et 400
	PLANCHE 59.	
1 à 5	Fermes sans tirants	400 et 401
	PLANCHE 60.	
1 à 6	Fermes droites pour toitures peu inclinées	401 et 402
	PLANCHE 61.	
1 et 2	Combles en mansardes	402
3 à 5	Fermes à la Philibert Delorme	402 à 407 et 409 à 410
	PLANCHE 62.	
1 et 2	Système de fermes du colonel Émy	407 à 410
3 à 5	Système de fermes de Lacaze	408 à 410
	PLANCHE 63.	
1 à 7	Dispositions et détails de croupe droite et de noue	410 à 415
	PLANCHE 64.	
1 à 4	Plafond de la basilique de Sainte-Marie-Majeure, à Rome	392 et 416
	PLANCHE 65.	
1 et 2	Élévation et plan d'une travée de la charpente de la basilique de San Miniato, près Florence	417
3 à 6	Élévation, plan d'une travée et détails de la charpente de la salle d'attente du chemin de fer du Nord, à Paris	418
	PLANCHE 66.	
1 à 14	Dispositions et détails d'escaliers en charpente	361, 362 et 419 à 423
	PLANCHE 67.	
1 à 4	Modes de débit des planches	68 à 72
5 à 14	Assemblages de menuiserie	424 à 427
15 à 20	Dispositions de parquets	427 et 428
	PLANCHE 68.	
1 à 14	Dispositions et détails de lambris	428 à 434
	PLANCHE 69.	
1 à 15	Dispositions et détails de portes en menuiserie	434 à 438
	PLANCHE 70.	
1 à 14	Dispositions et détails de châssis vitrés	438 à 442
	PLANCHE 71.	
1 à 12	Assemblages de pièces de fer	450 à 452

NUMÉROS DES FIGURES.	NUMÉROS DES PLANCHES ET SUJETS DES FIGURES.	PAGES DU TEXTE.
13	Étrier en fer	382 et 464
14	Plate-bande et ancre en fer	455
15 et 16	Poutre en bois armée en fer	385 et 465
17 et 18	Poutre en fer	385 et 466
19 et 20	Poutre en fonte	466 et 467
21 et 22	Coupes de planchers en fonte	467
23	Coupe d'un plancher en fer et plâtre	467 et 468
	PLANCHE 72.	
1 à 3	Élévation, coupe et détails d'un portique exécuté en fonte et en bois	460
4 à 7	Élévation, coupe et détails d'un portique en fonte	460 et 461
8 à 13	Coupe et détails d'un auvent en fer forgé	475 et 476
14 et 15	Coupe et baldaquin d'un auvent en fonte	476
16 à 20	Détails d'escaliers en fonte	480 et 481
	PLANCHE 73.	
1 à 14	Plans, coupes et détails de la grande salle de la bibliothèque Sainte-Geneviève, à Paris.	461 à 464
	PLANCHE 74.	
1 à 13	Coupes et détails de la charpente de la gare du chemin de fer du Nord, à Paris	468 à 470
	PLANCHE 75.	
1 à 6	Coupes et détails de la charpente de la gare du chemin de fer de Paris à Lyon	470 et 471
7 à 14	Coupes et détails de la charpente de la gare du chemin de fer de Saint-Germain, à Paris.	471 à 473
	PLANCHE 76.	
1 à 6	Coupes et détails de la charpente d'une gare de chemin de fer, à Montpellier	473 et 474
7 à 13	Coupes et détails de la charpente d'une gare de chemin de fer, à Nîmes	474 et 475
	PLANCHE 77.	
1 à 4	Coupes et détails d'une charpente en fonte projetée pour une gare de chemin de fer	475
	PLANCHE 78.	
1 et 2	Grille du château de Fontainebleau	477
3	Grille du Cirque des Champs-Élysées, à Paris	478
4 à 6	Grille de la cour du chemin de fer du Nord, à Paris	478 et 479
7 à 9	Balustrade de la colonne de Juillet, à Paris	479
	PLANCHE 79.	
1 à 5	Antéfixes antiques	484
6 à 13	Fragments et détails d'une couverture antique en tuiles creuses et plates	484
14 et 15	Chéneaux antiques en terre cuite	484
16 à 19	Fragment et détails de la couverture en marbre blanc du temple de Némésis, à Rhamnus.	484 et 490
20 à 24	Détails de la couverture du portique d'Octavie, à Rome	490
	PLANCHE 80.	
1 à 3	Couverture en tuiles creuses et plates	485
5 et 6	Couverture en tuiles creuses	486
7	Couverture en tuiles plates à rebords	485
8 à 10	Couverture en tuiles flamandes	486 et 487
11 à 13	Couverture en tuiles plates	487
14 à 16	Égouts en tuiles	488

NUMÉROS DES FIGURES.	NUMÉROS DES PLANCHES ET SUJETS DES FIGURES.	PAGES DU TEXTE.
17	Tuiles en écailles de poisson.	488 et 489
18	Tuiles à rebords.	489
	PLANCHE 81.	
1 et 2	Couverture en ardoises.	492 et 493
3 à 6	Couvertures en pierres de taille.	490 et 491
7, 8, 18, 19 et 20	Couverture en plomb.	493 à 495
9 à 11	Couverture en cuivre.	495 à 498
12 à 17	Couvertures en zinc.	498 à 504
21 à 26	Détails de ces couvertures.	500 à 504
	PLANCHE 82.	
1	Toiture de la chapelle du château de Versailles.	508 à 510
2	Couronnement d'un toit du château de Versailles.	510
3 et 4	Crêtes en plomb du château de Meillan et du Palais de Justice de Rouen.	510
5	Tuyau de cheminée du palais du Louvre.	511

FIN DE LA TABLE DES PLANCHES

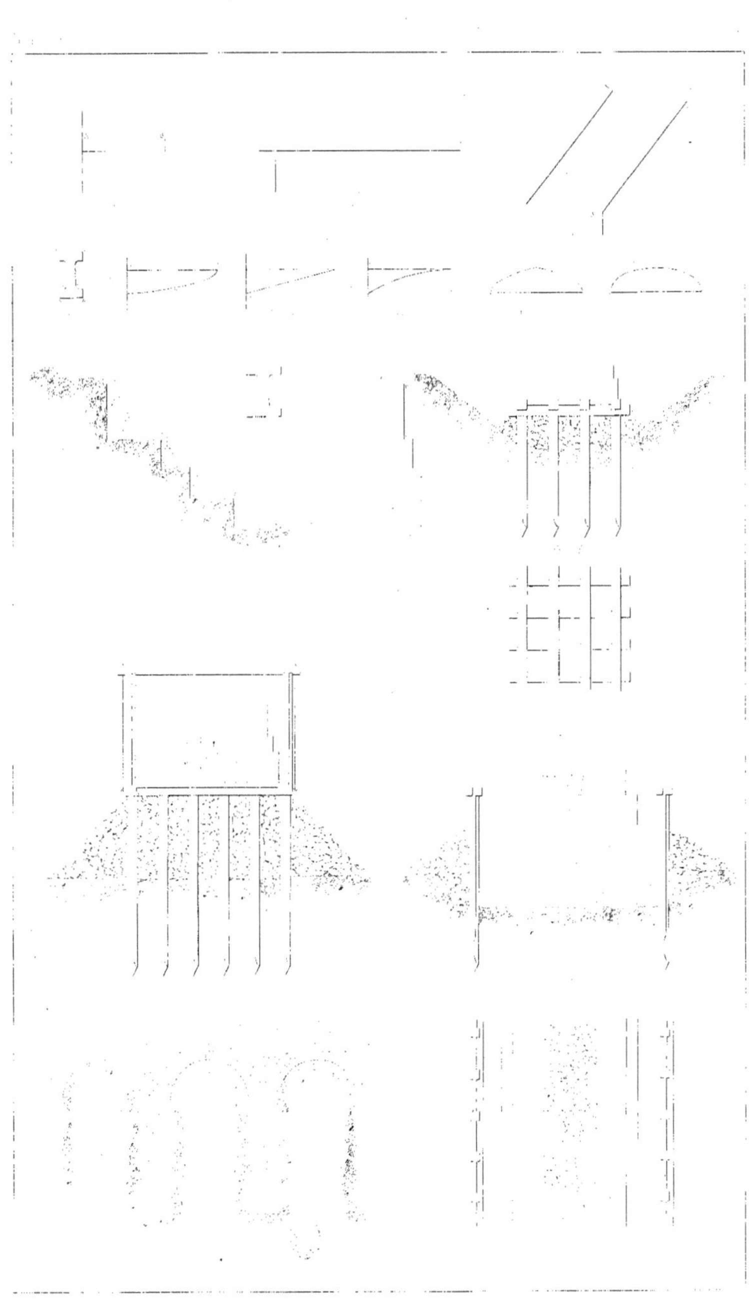

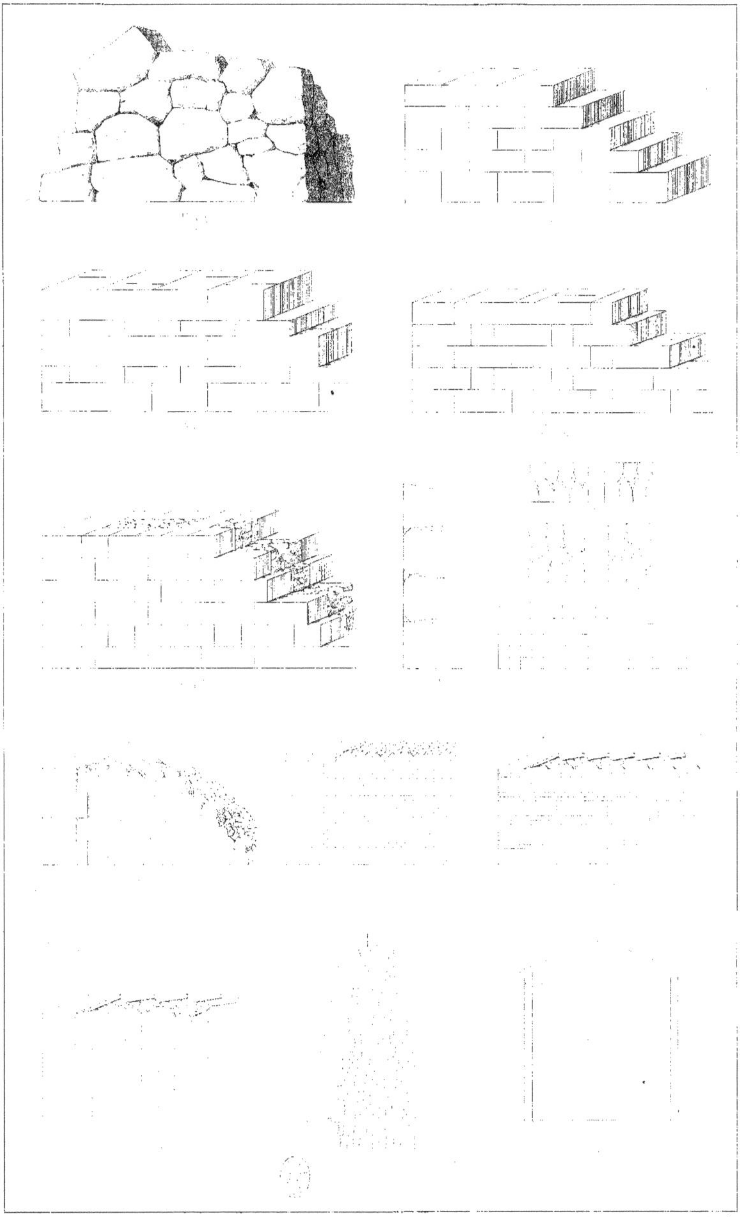

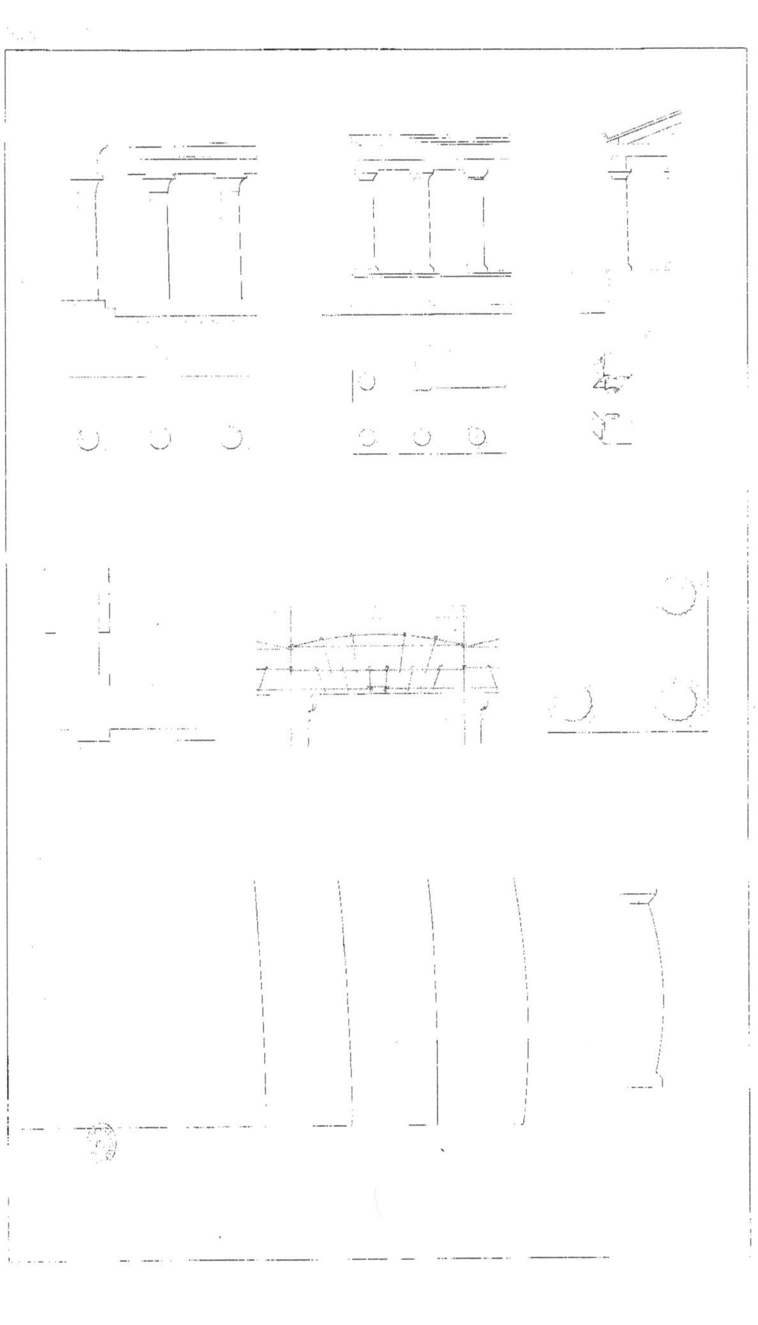

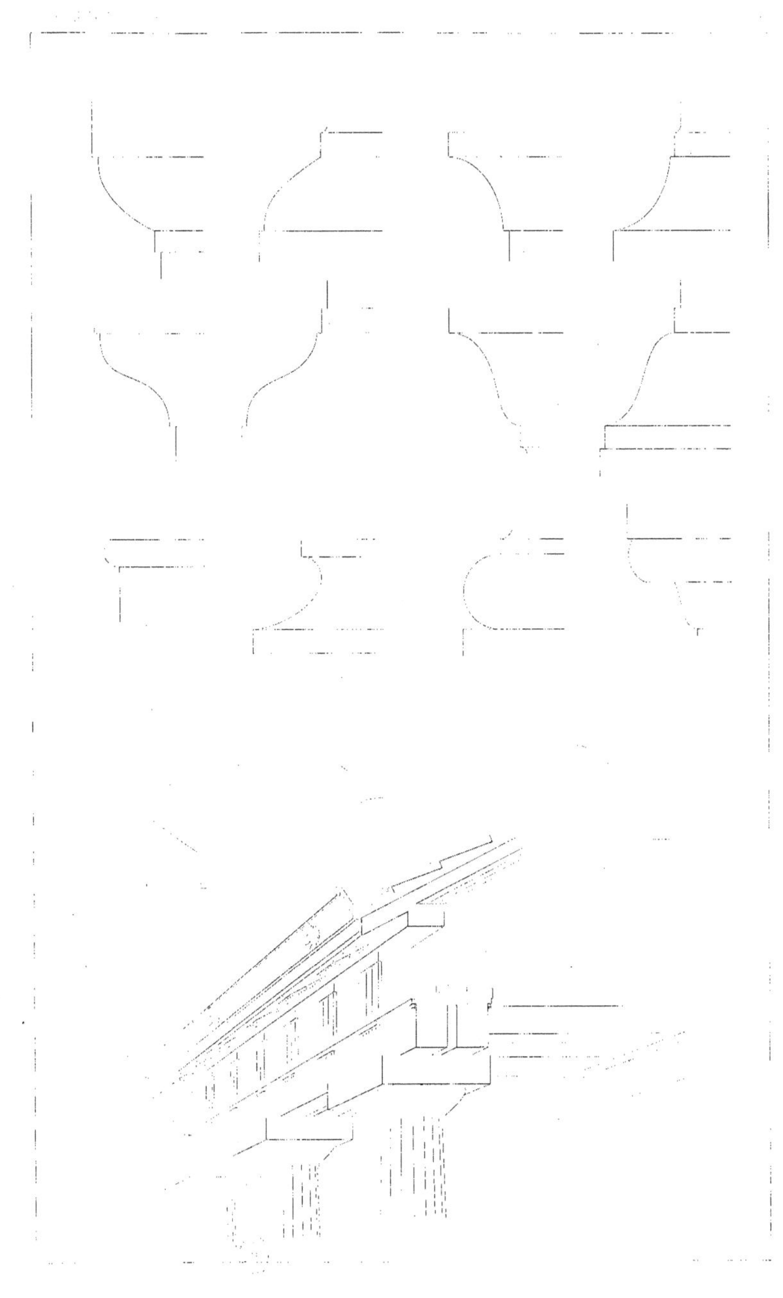

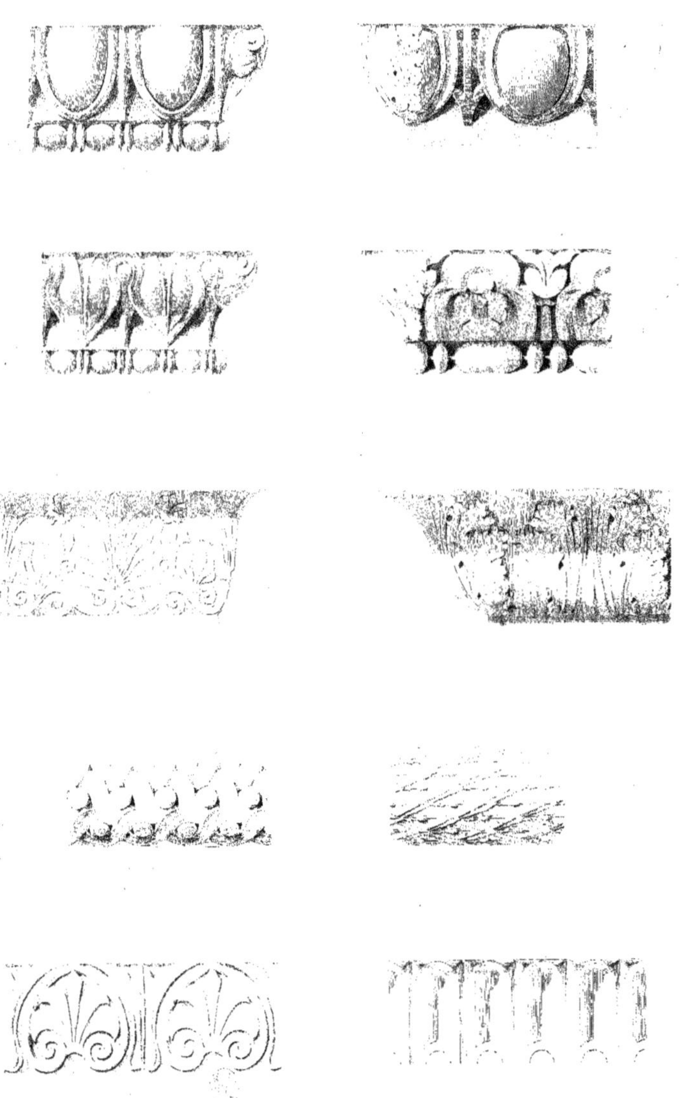

[illegible]

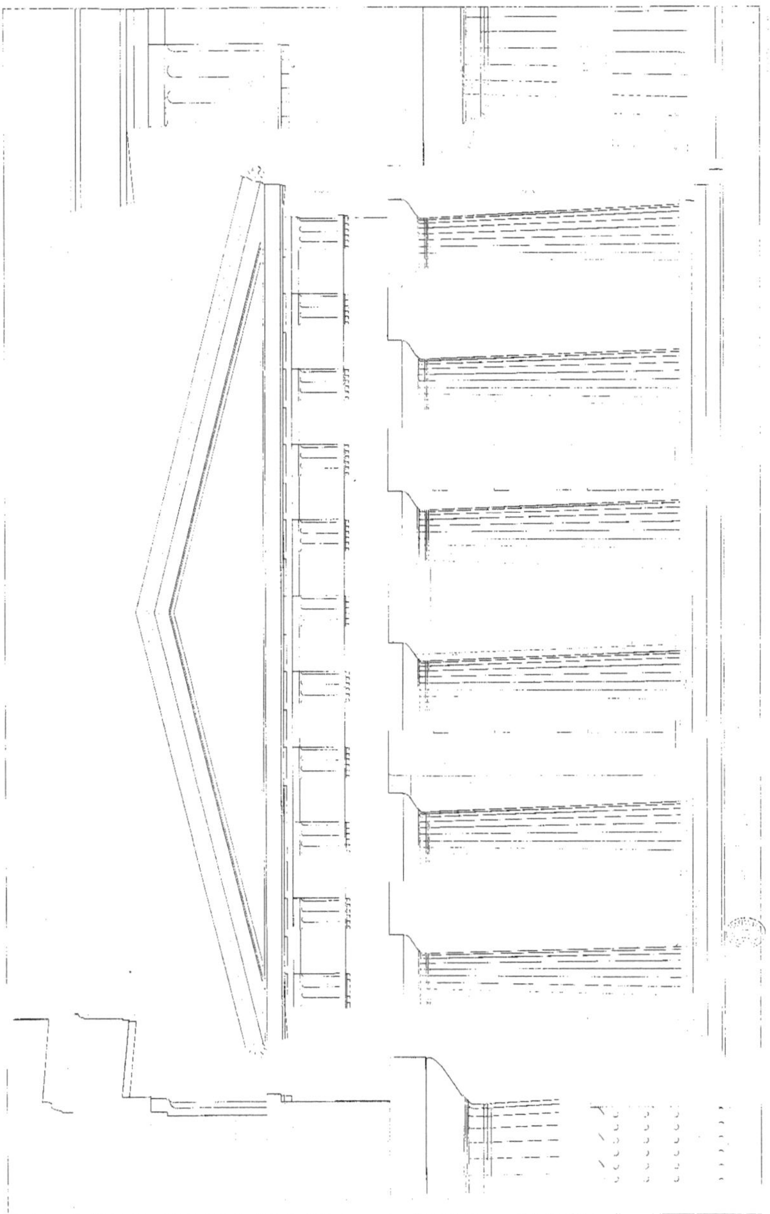

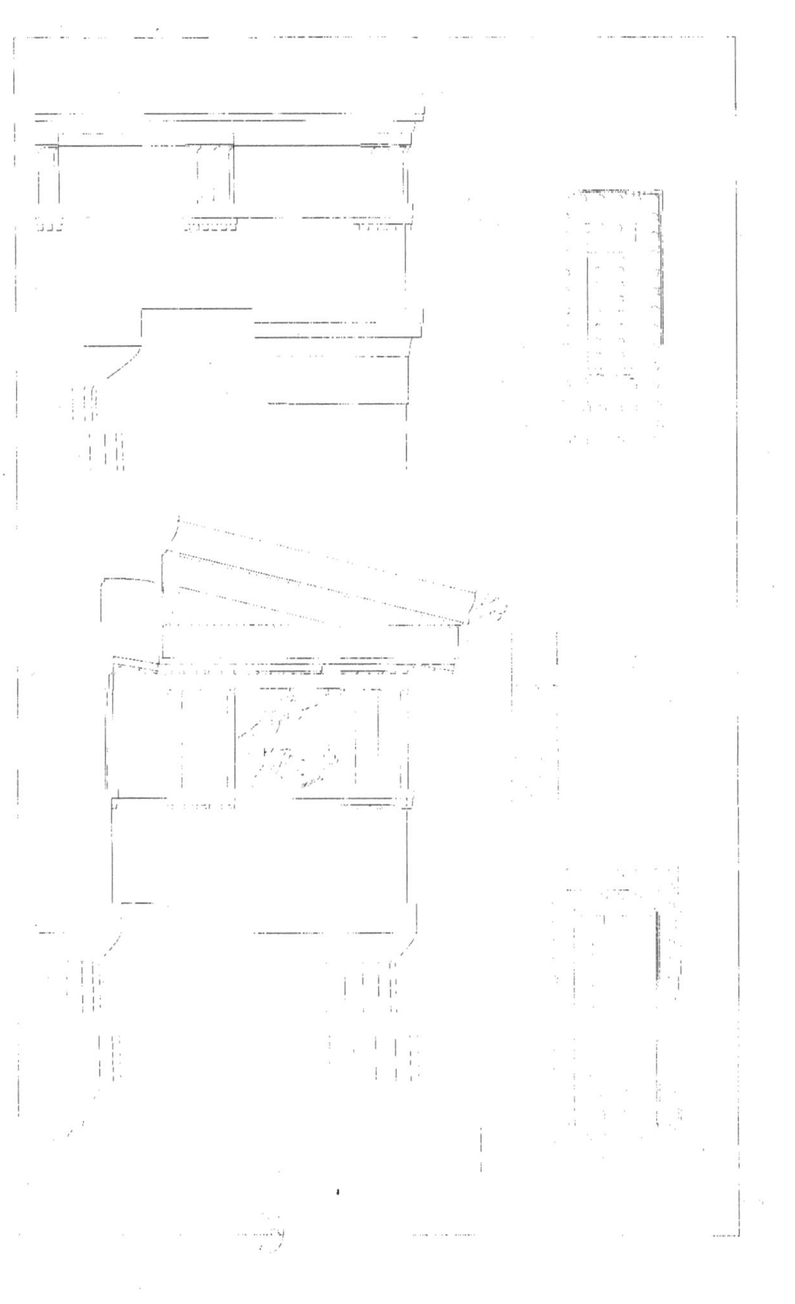

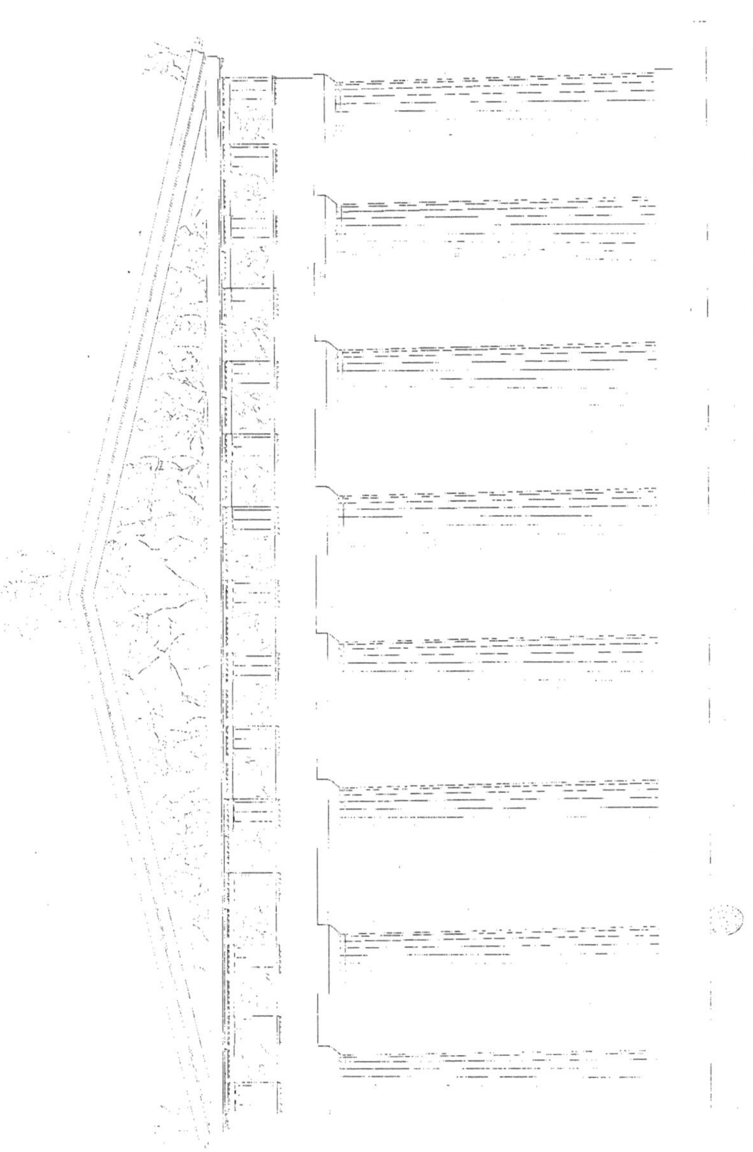

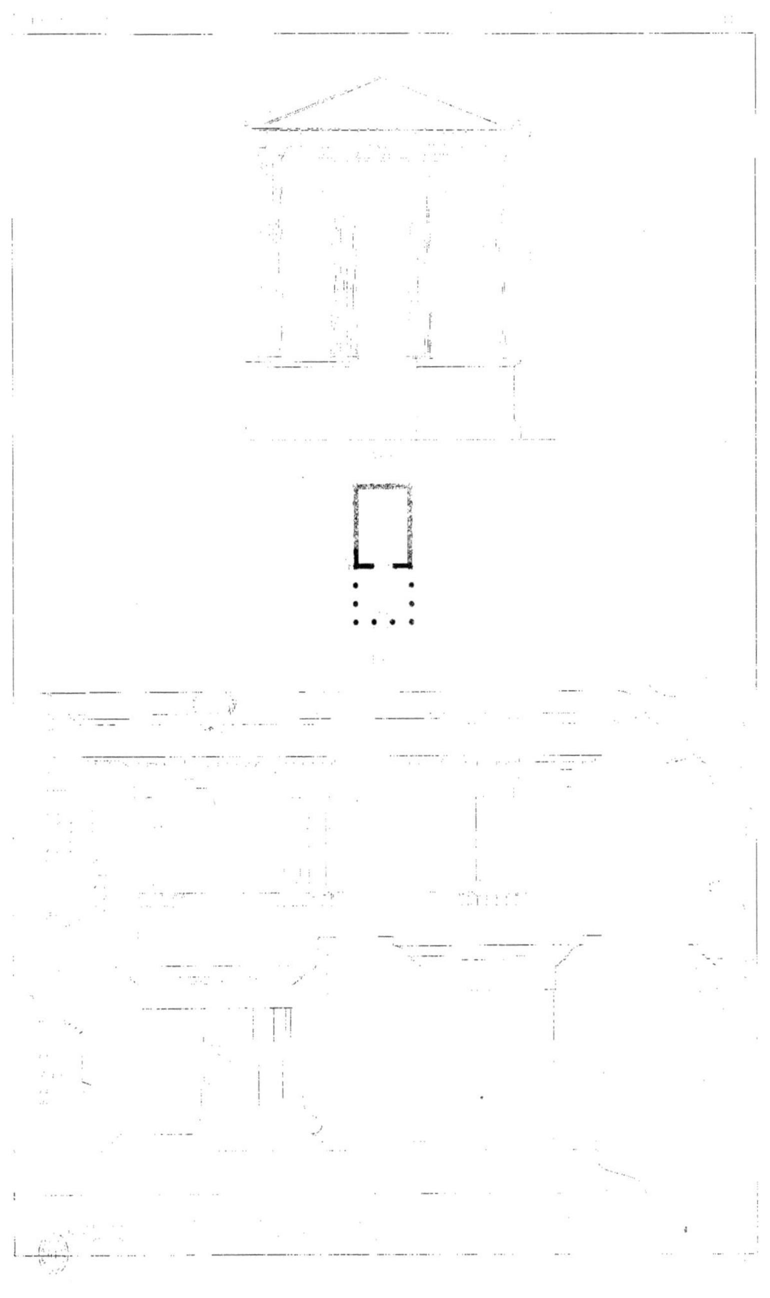

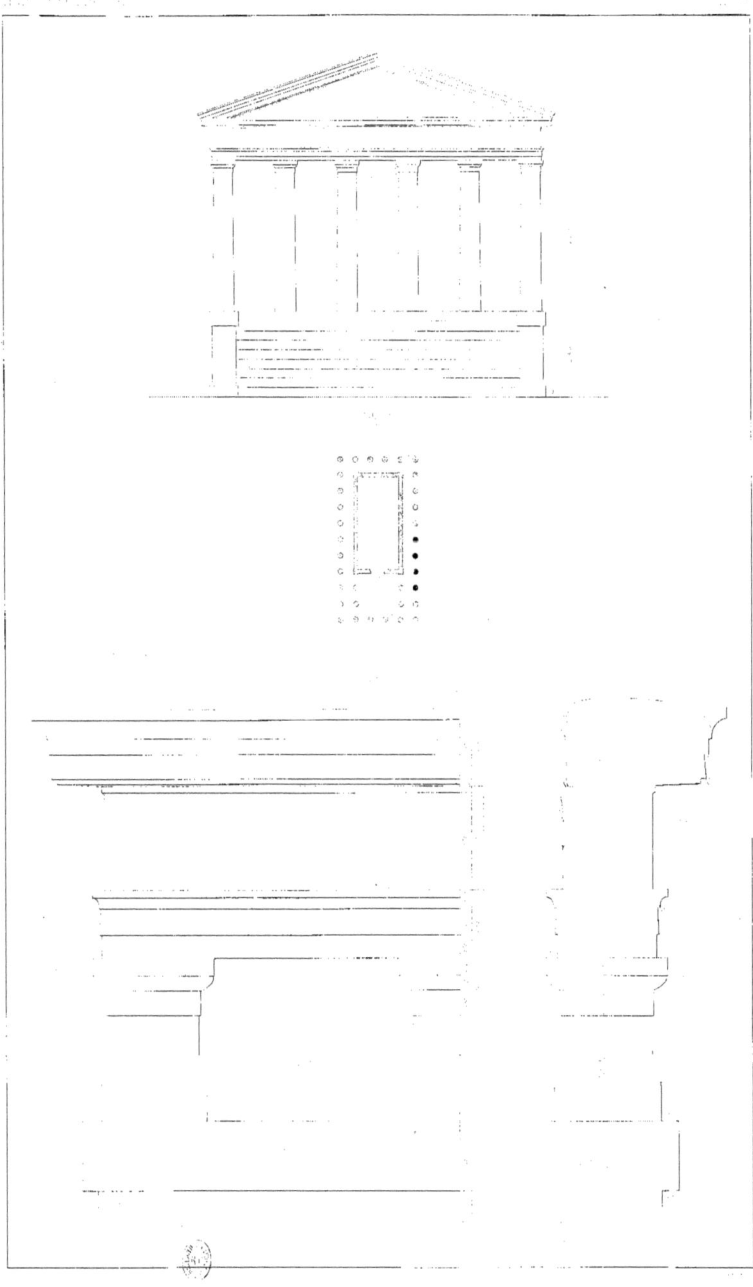

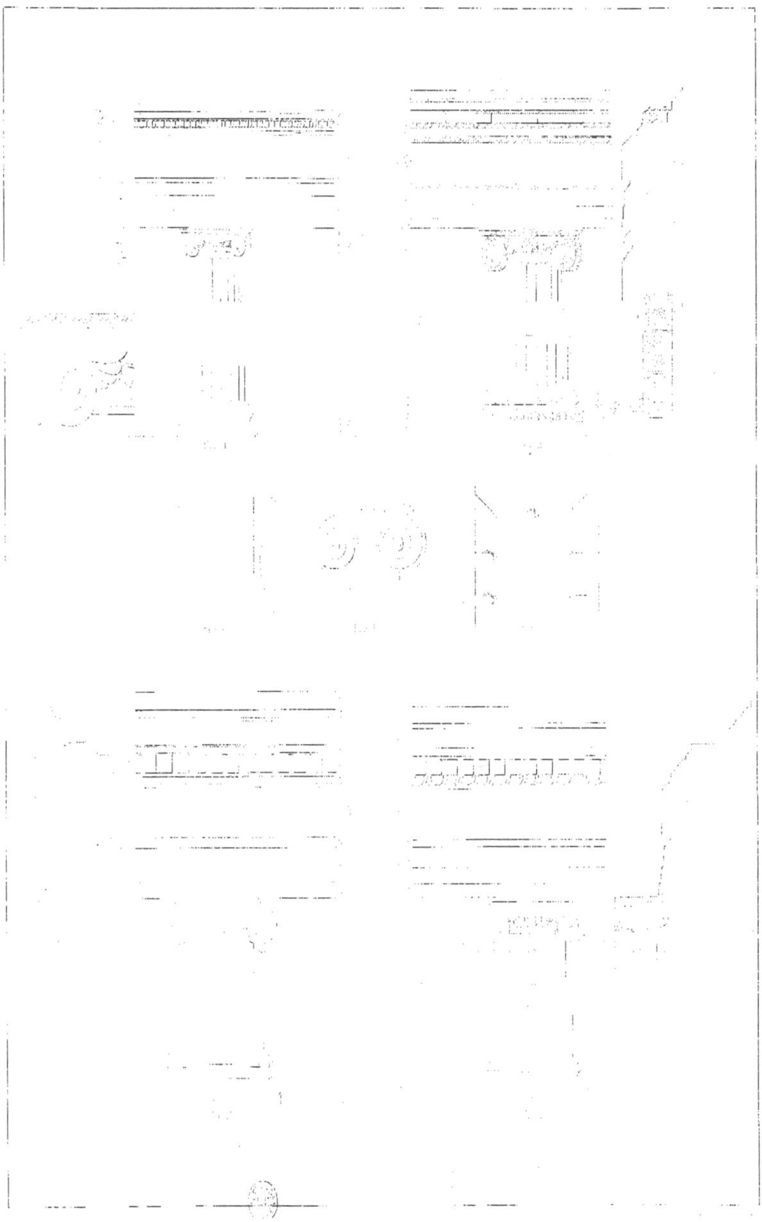

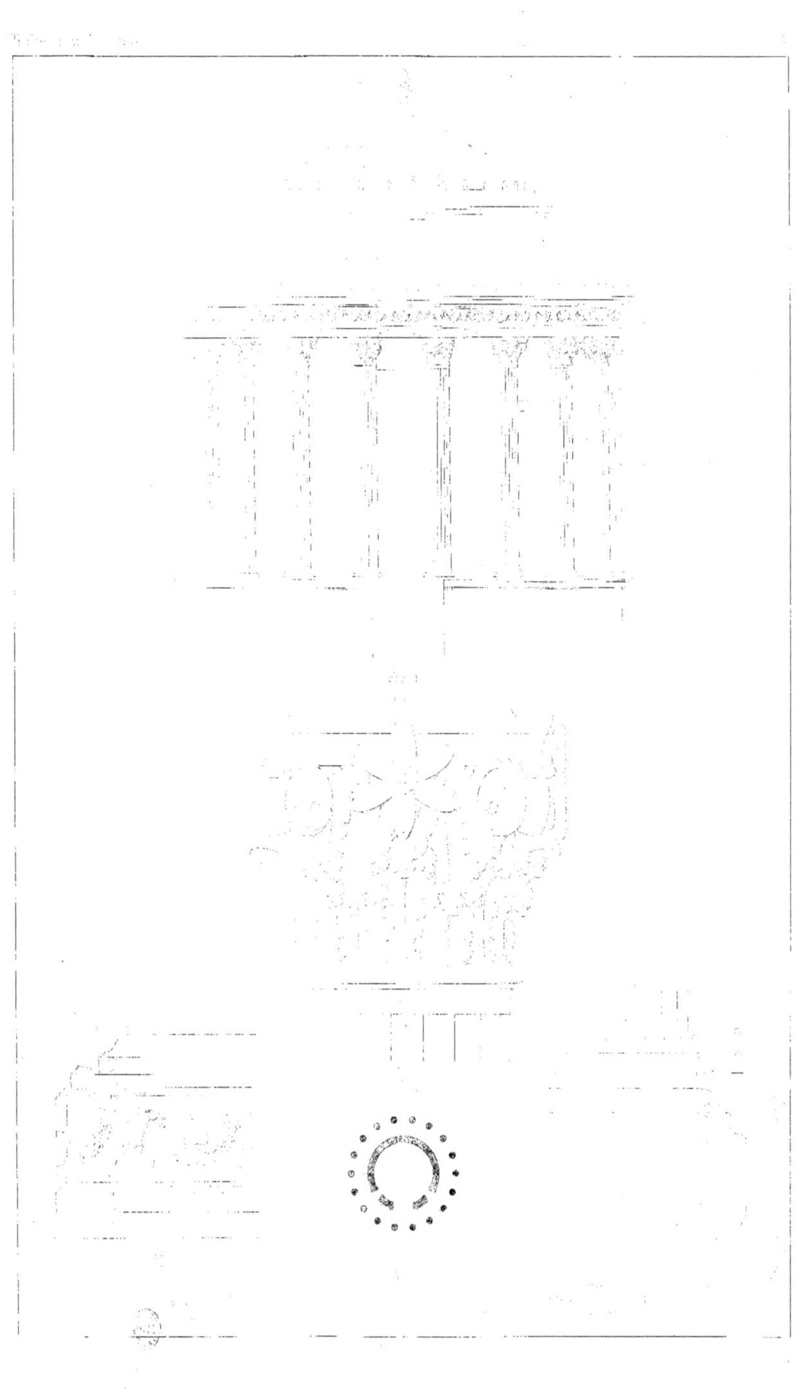

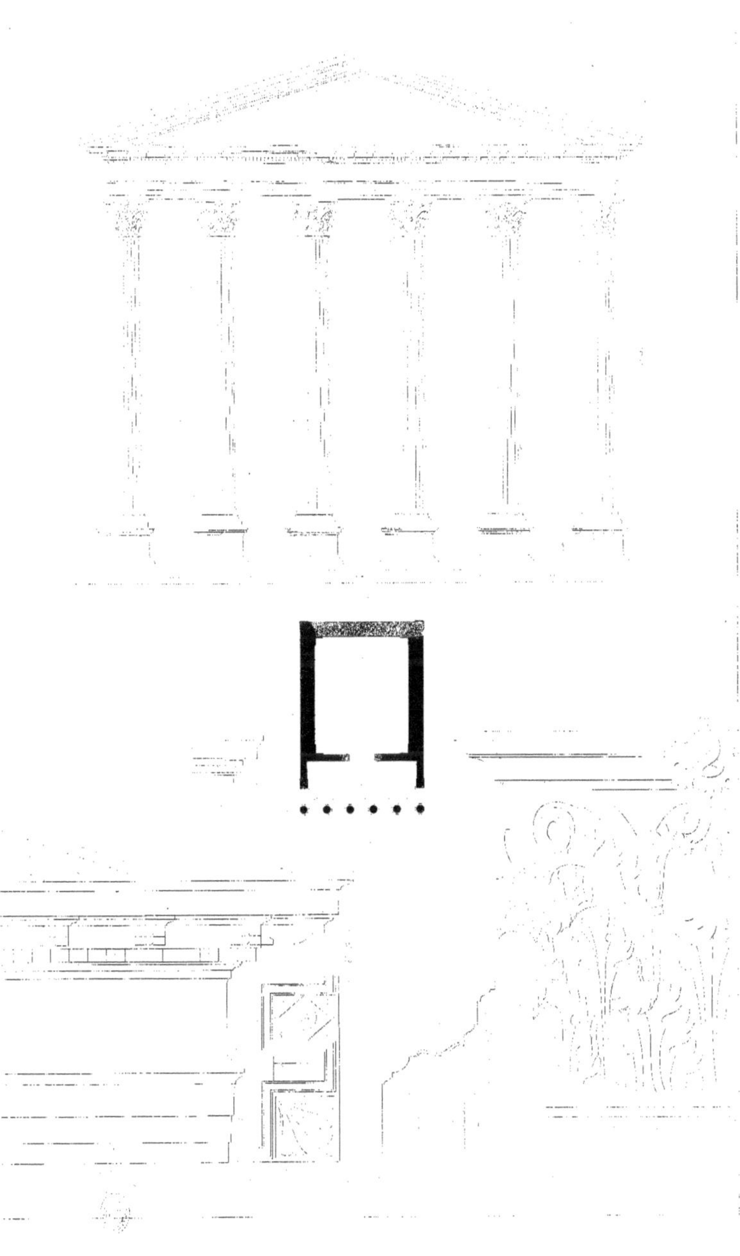

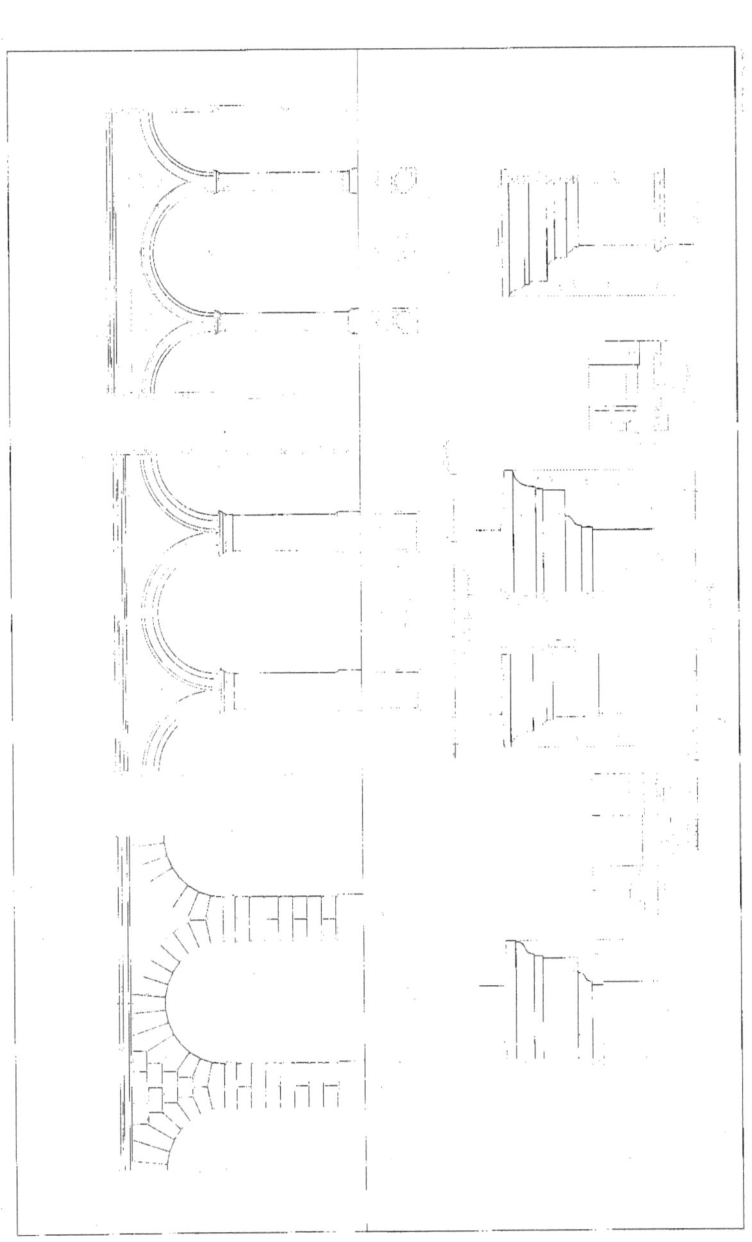

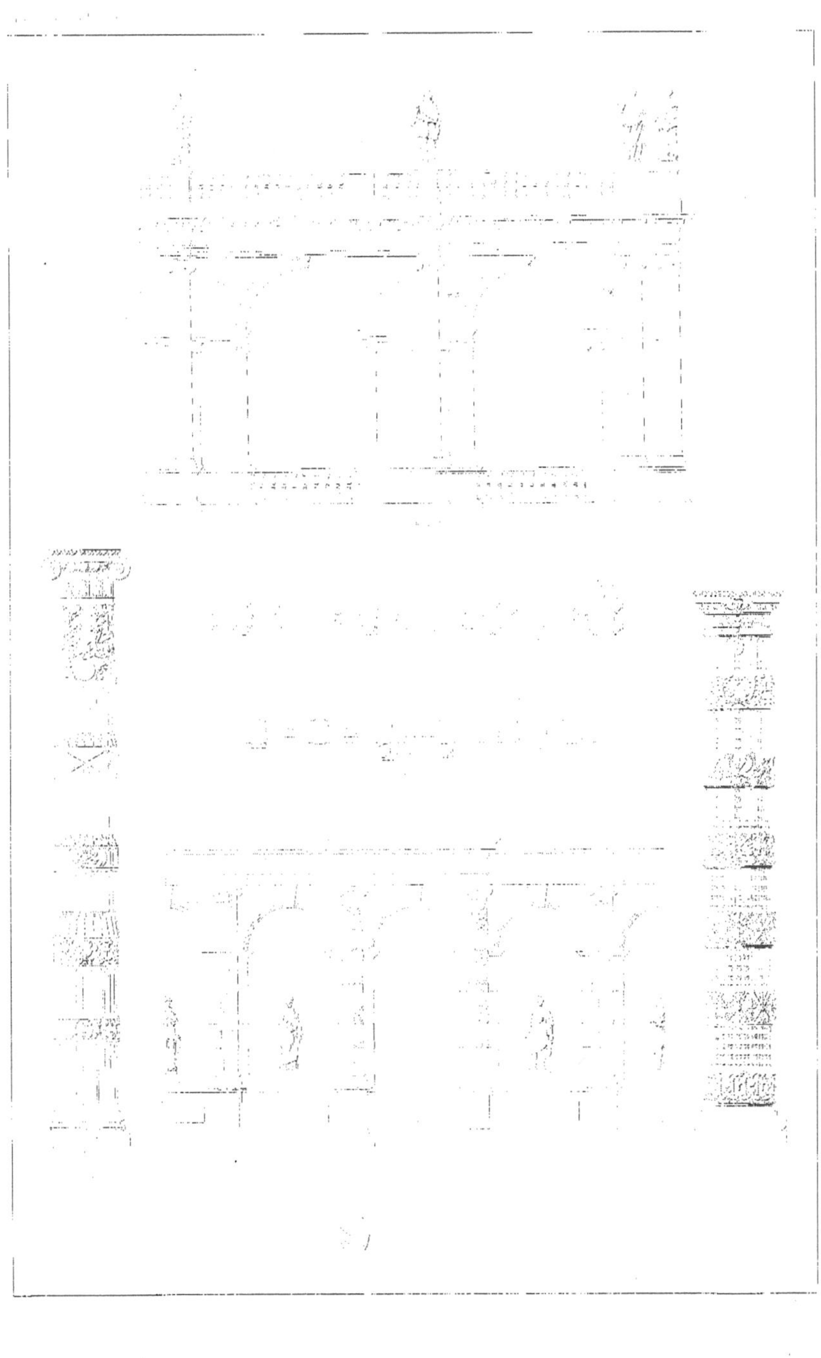

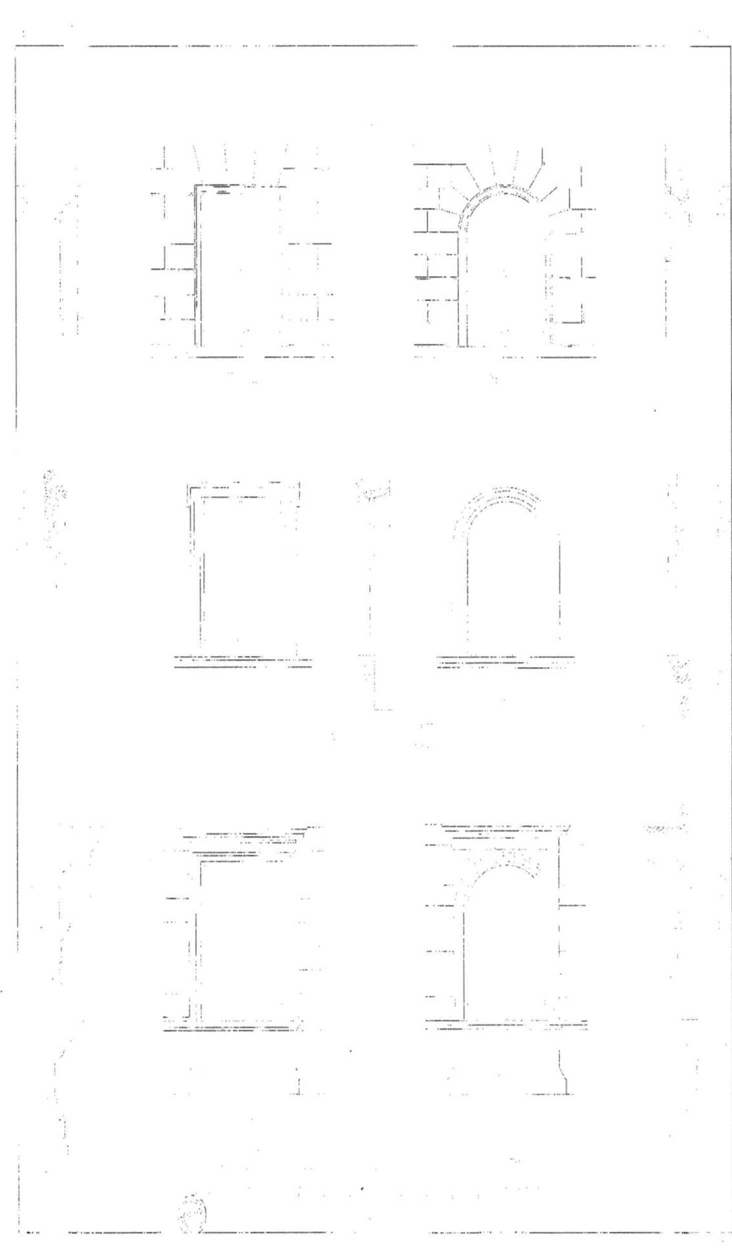

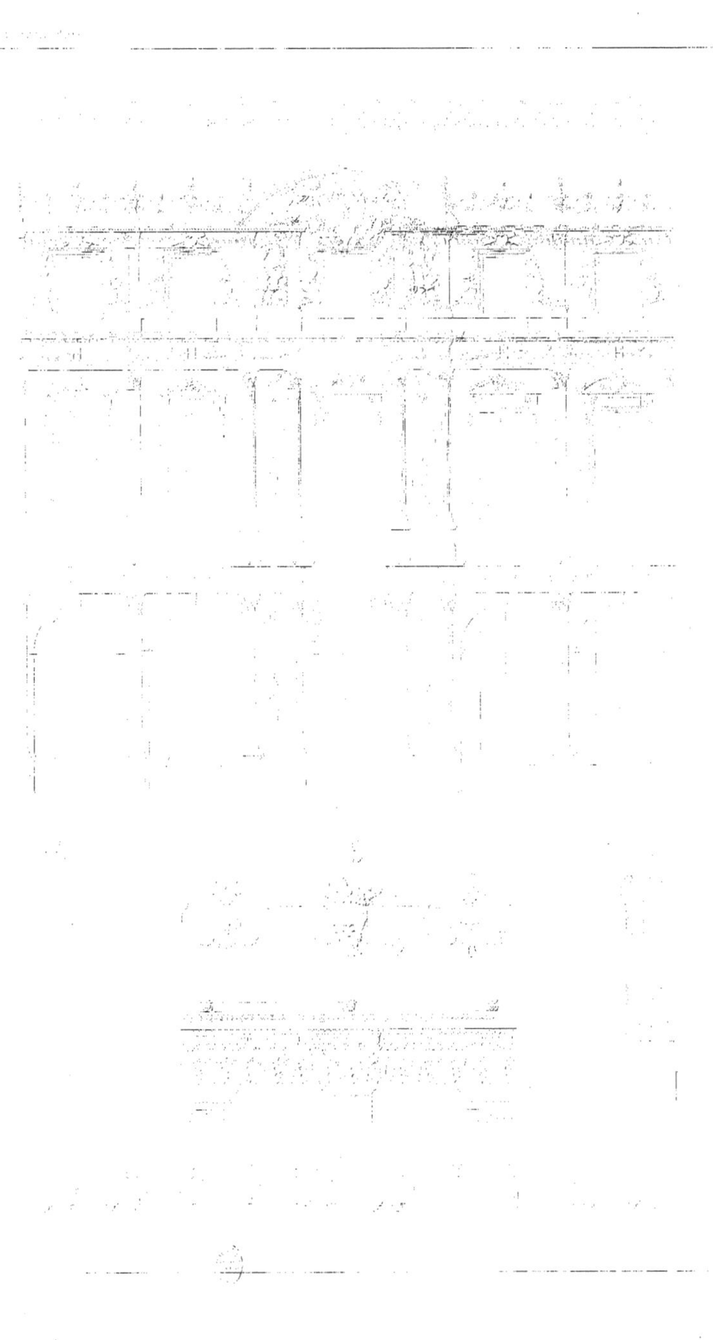

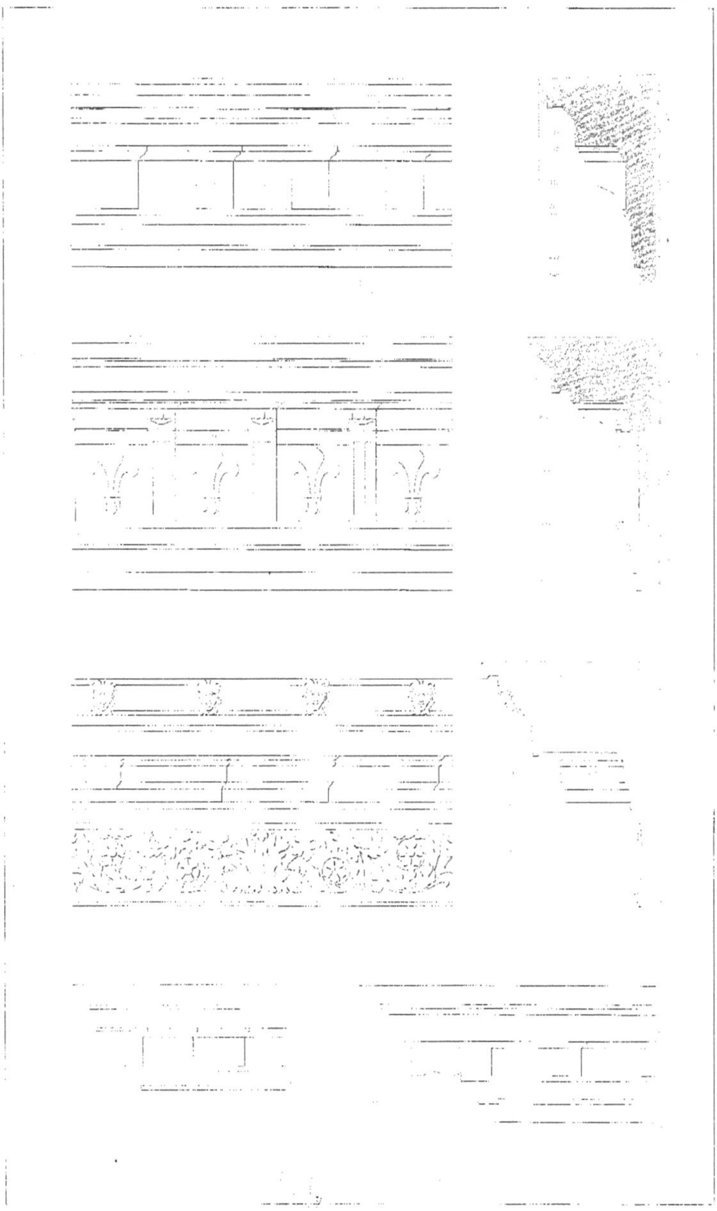

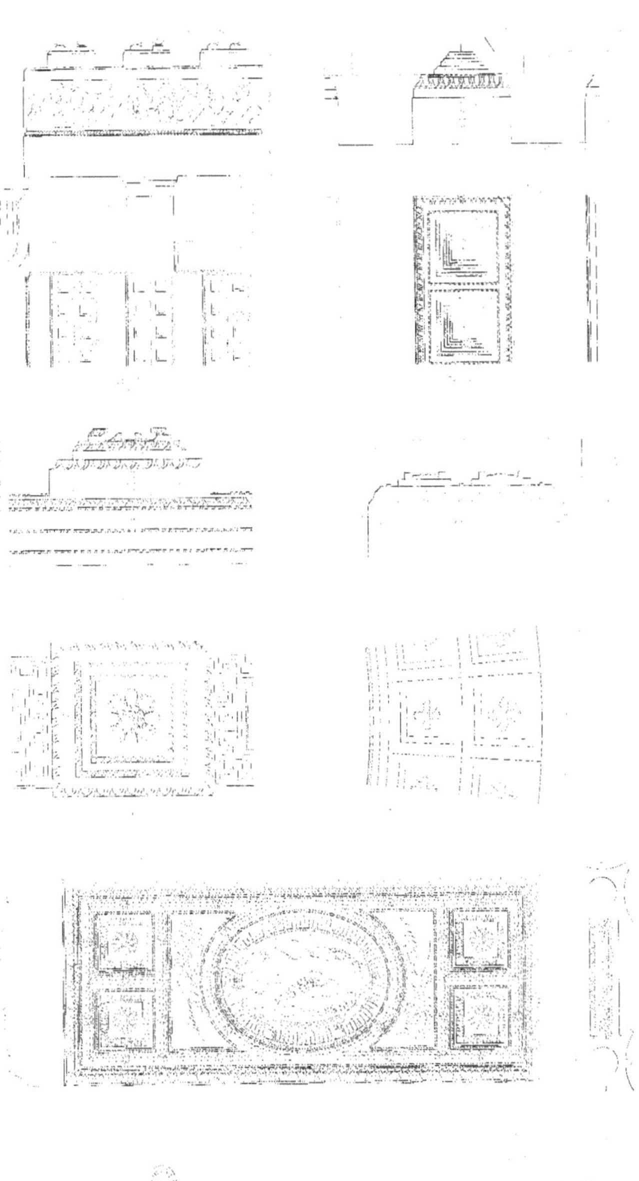

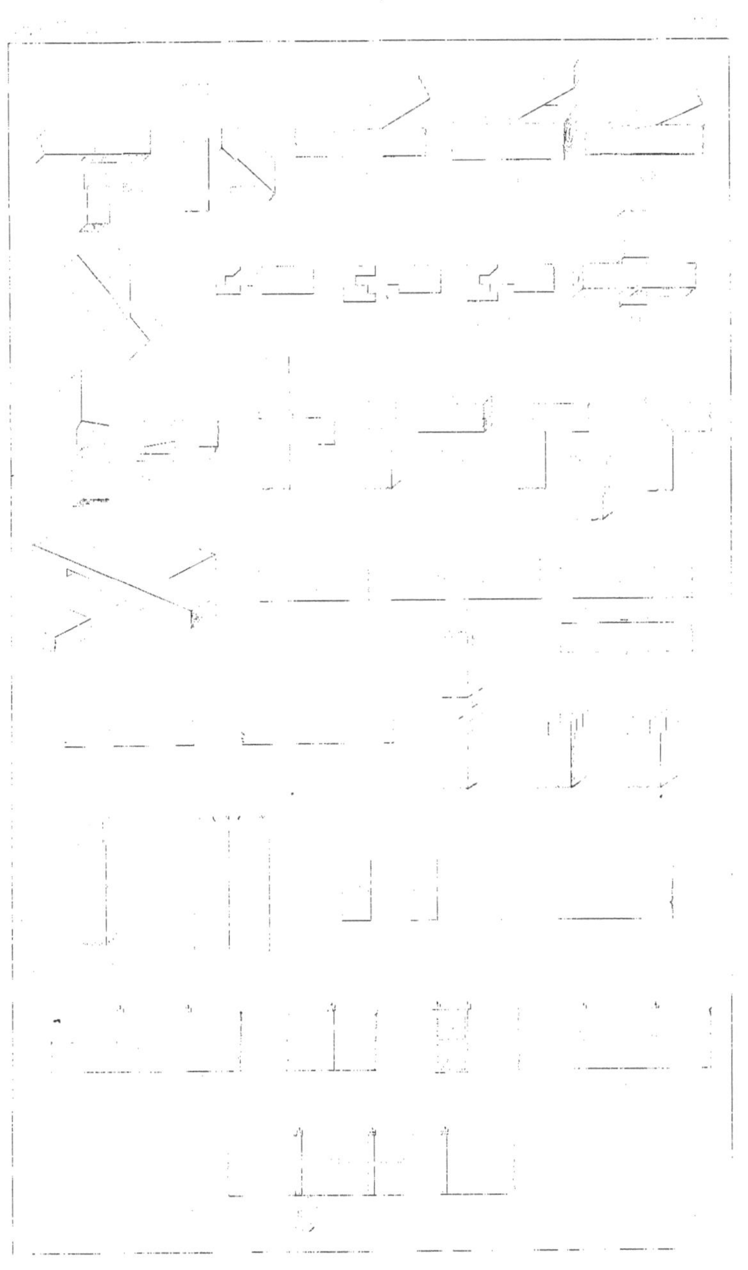

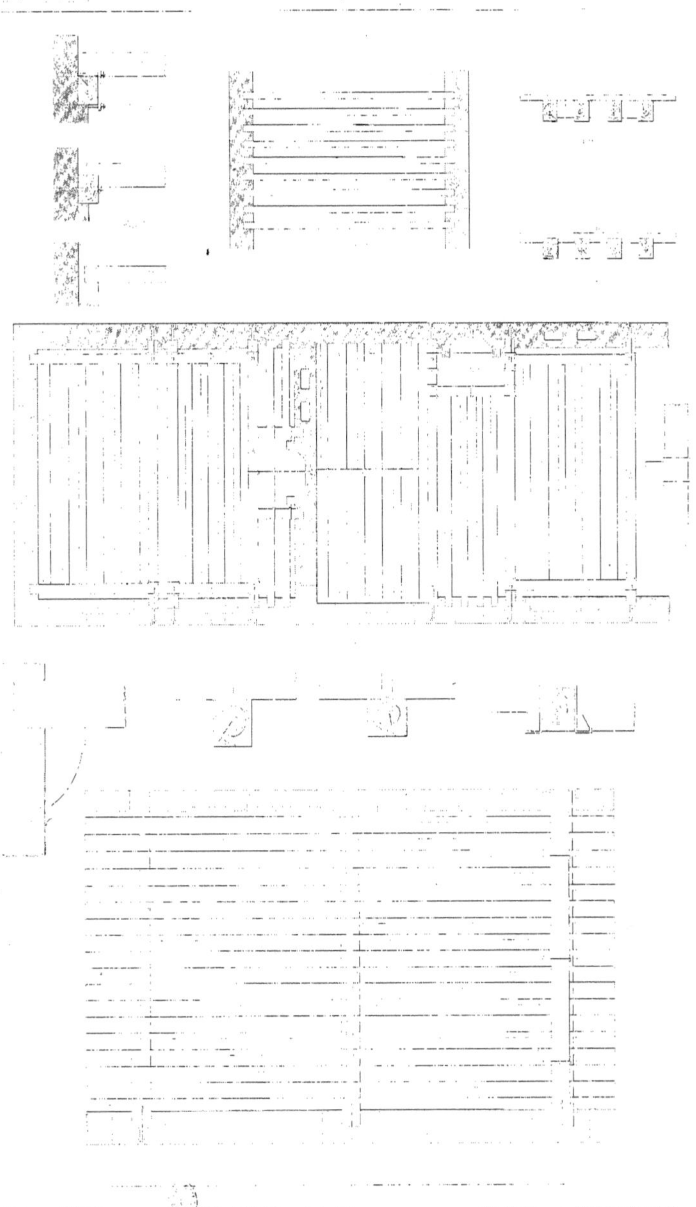

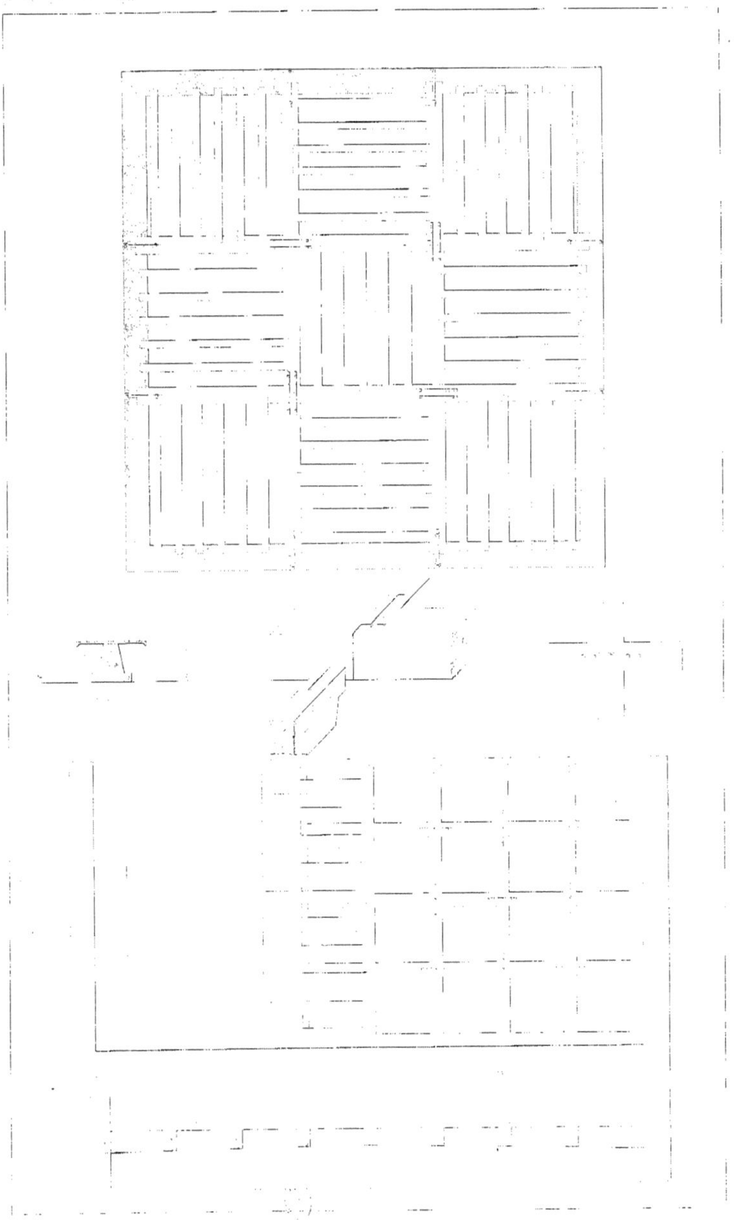

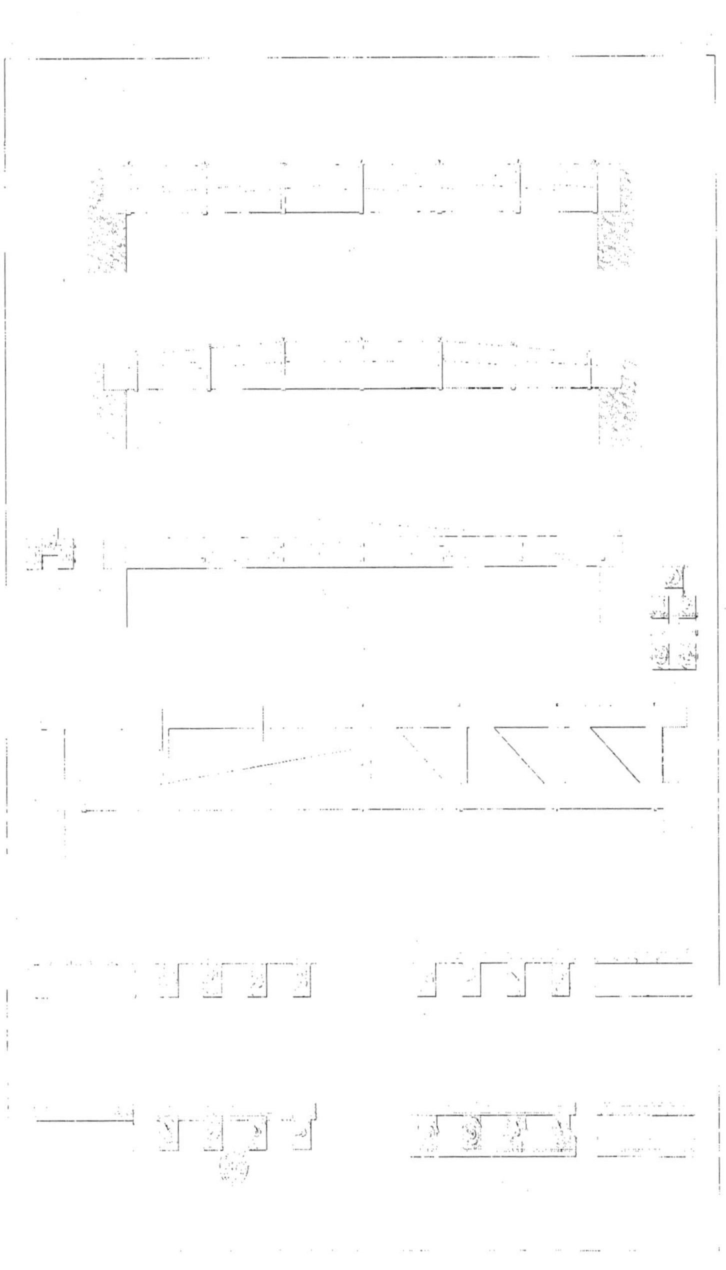

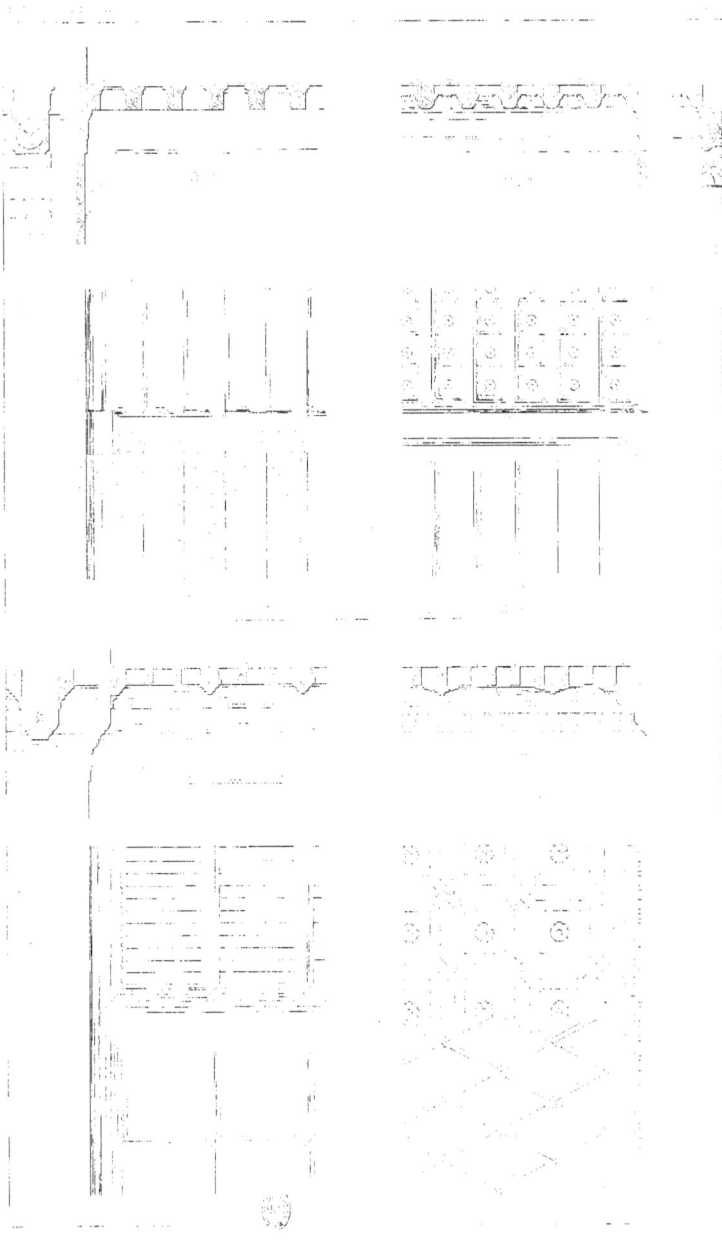

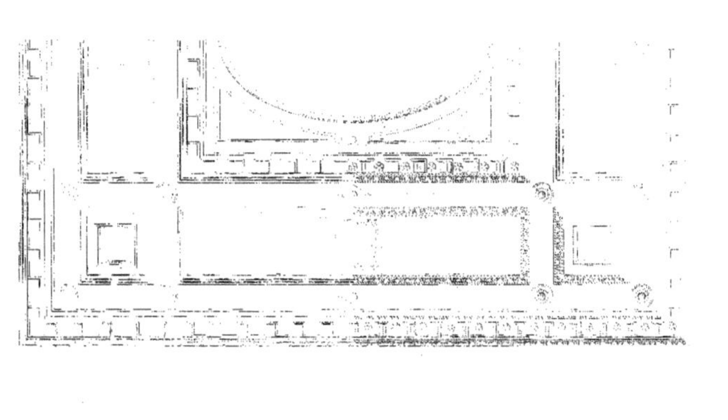

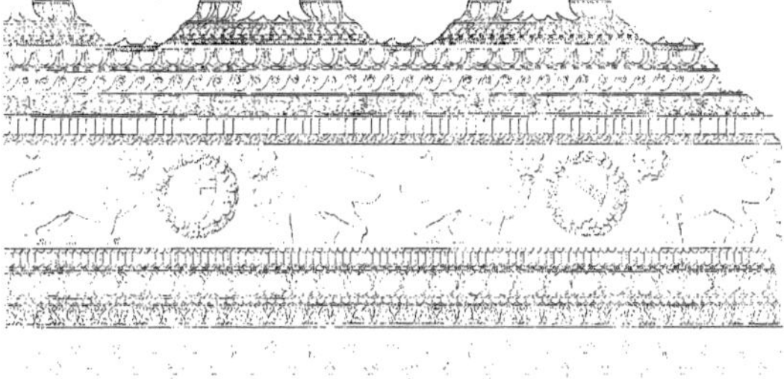

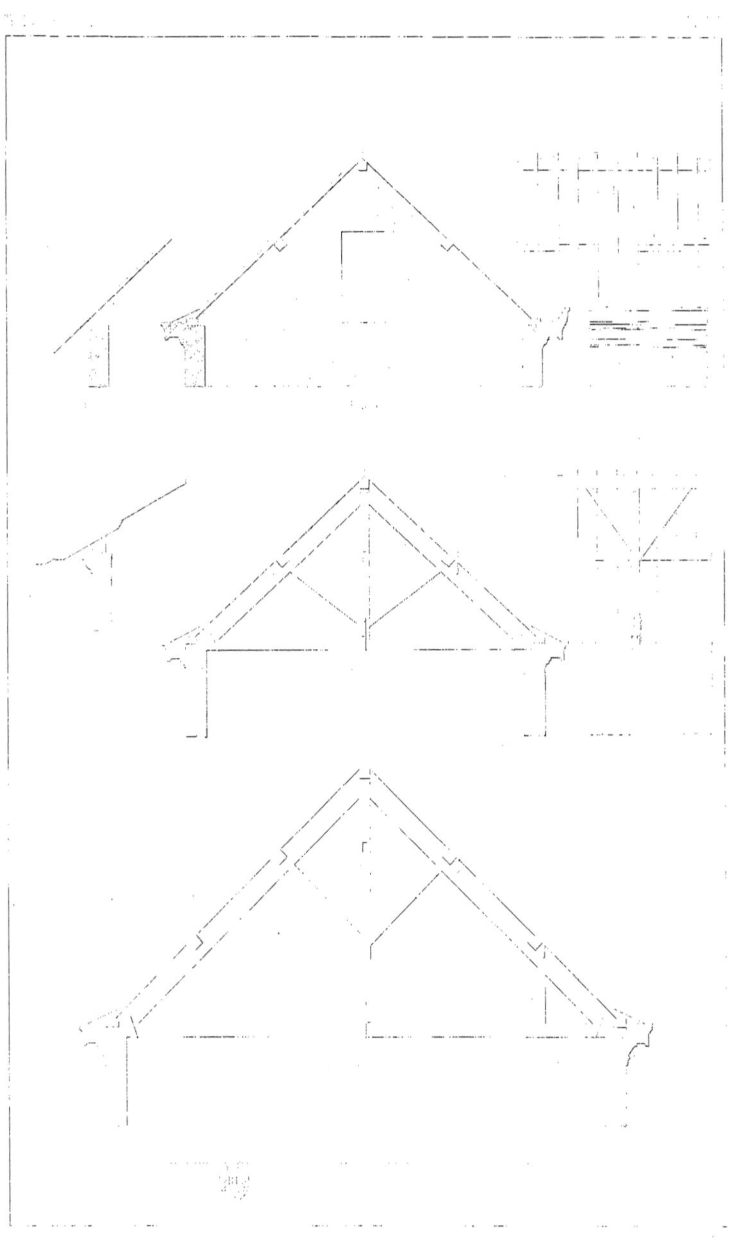

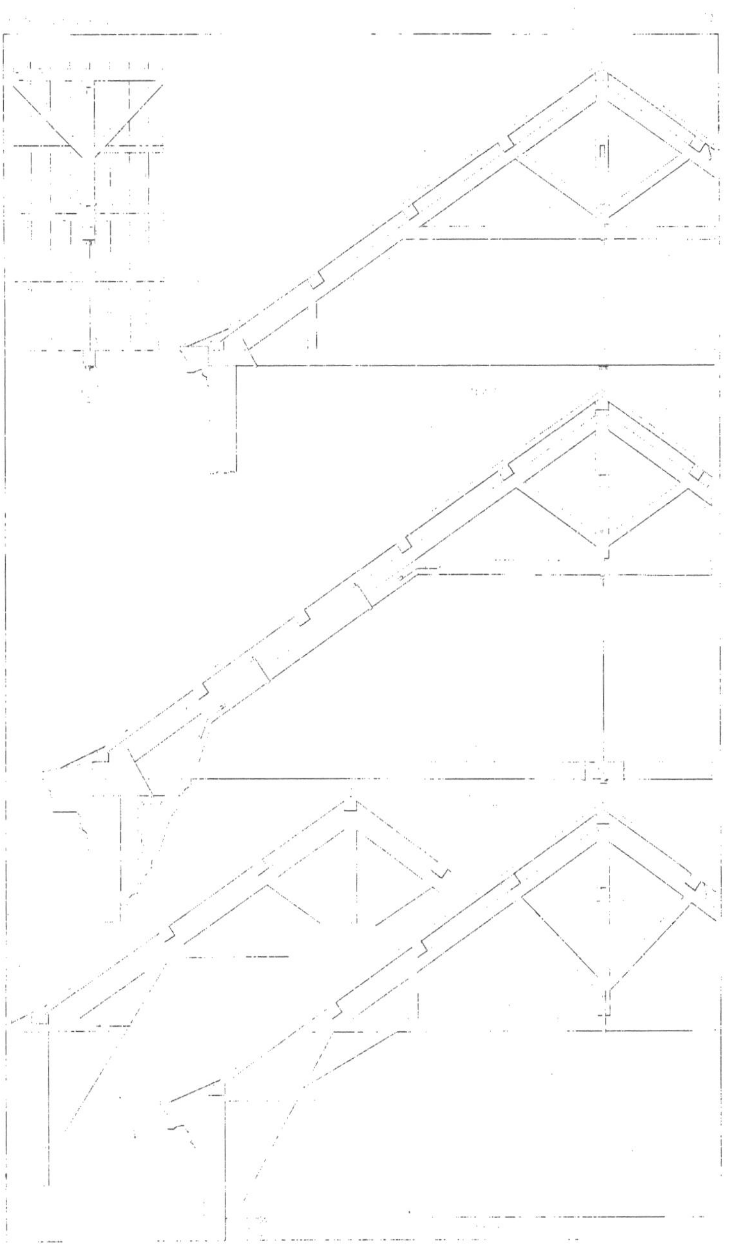

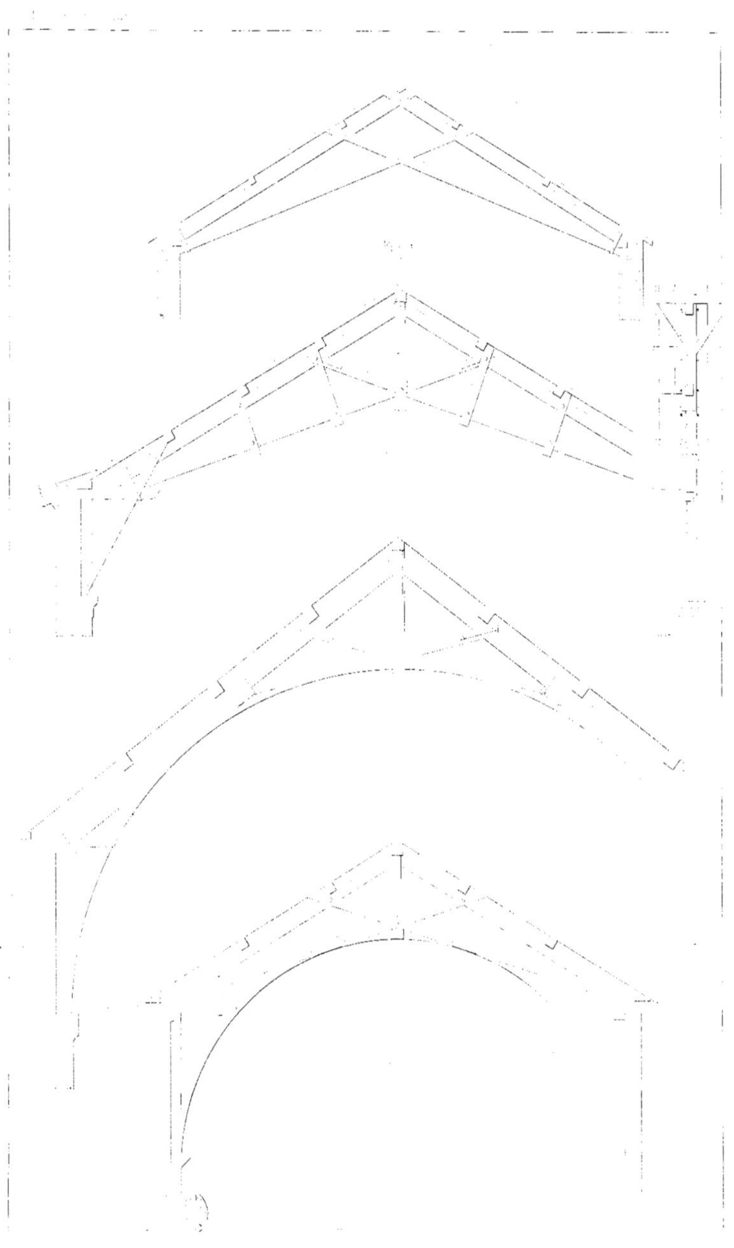

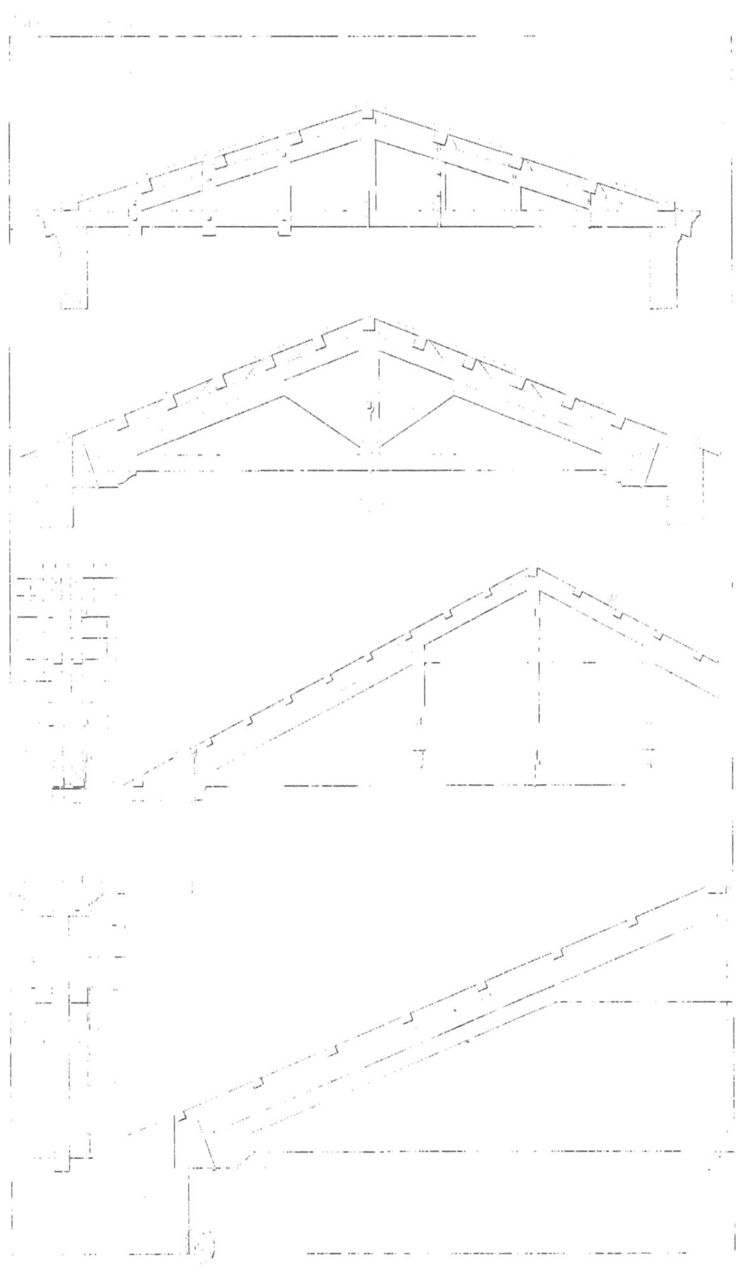

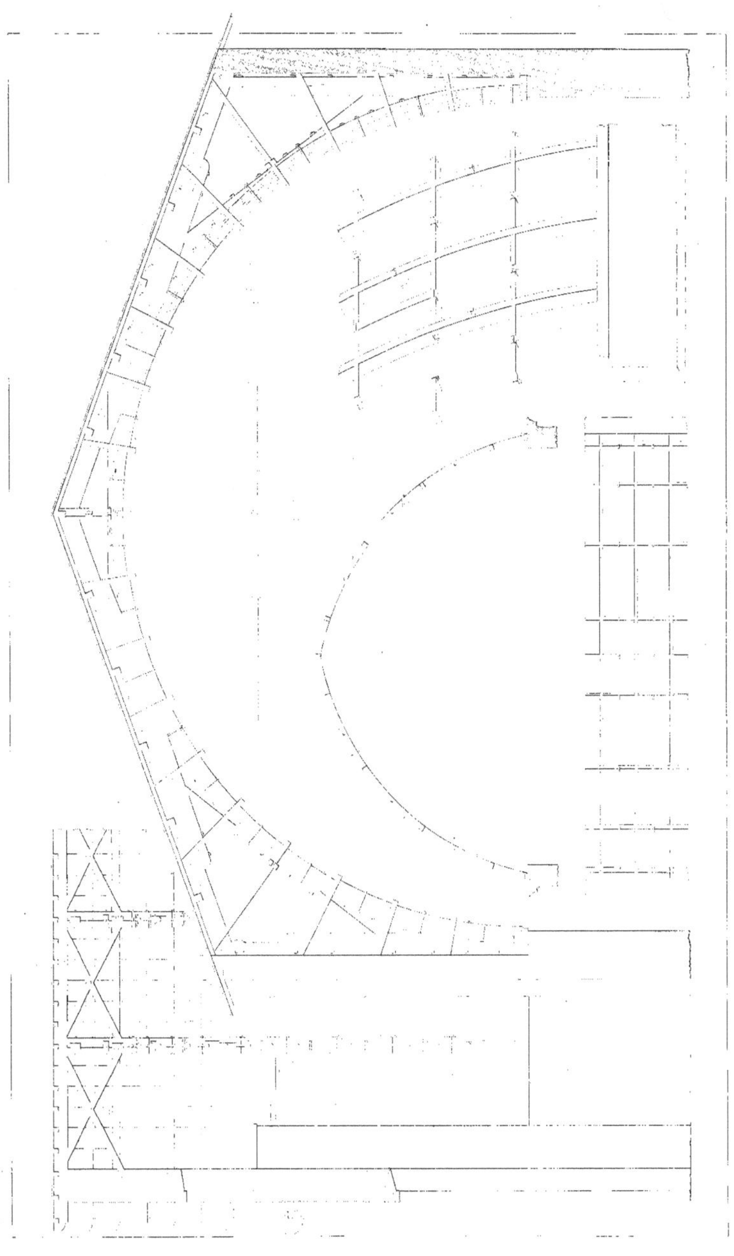

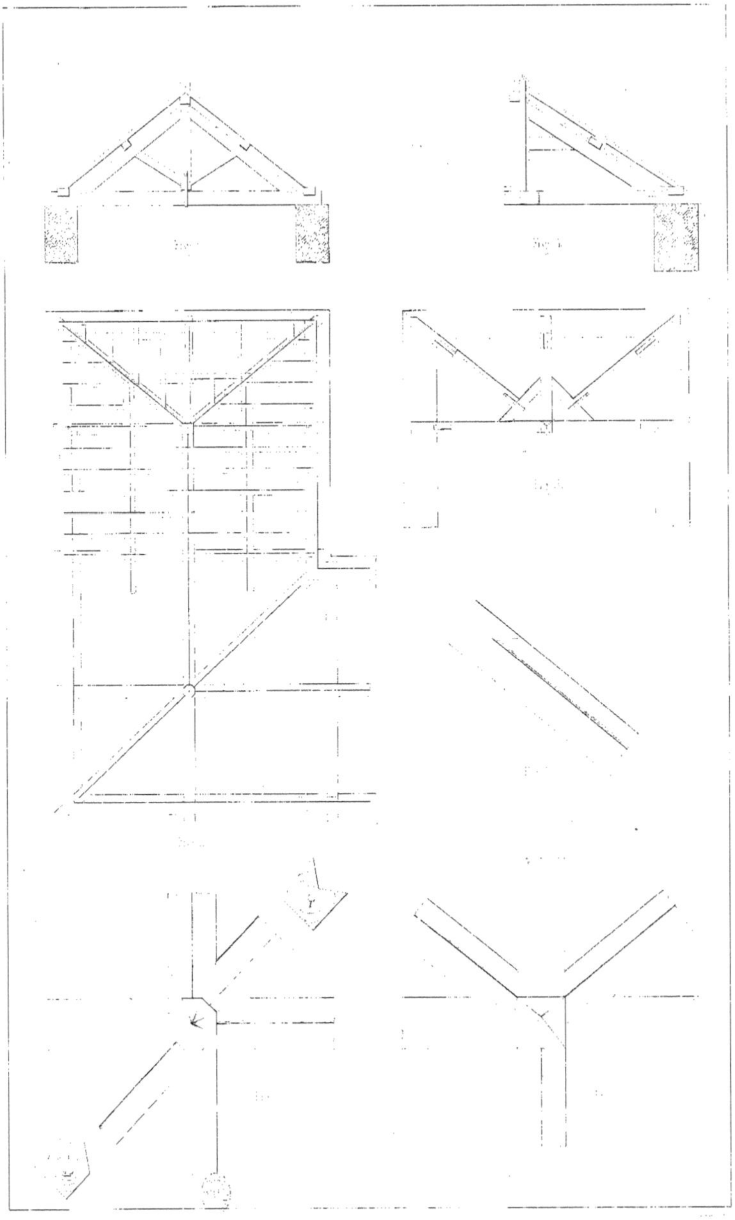

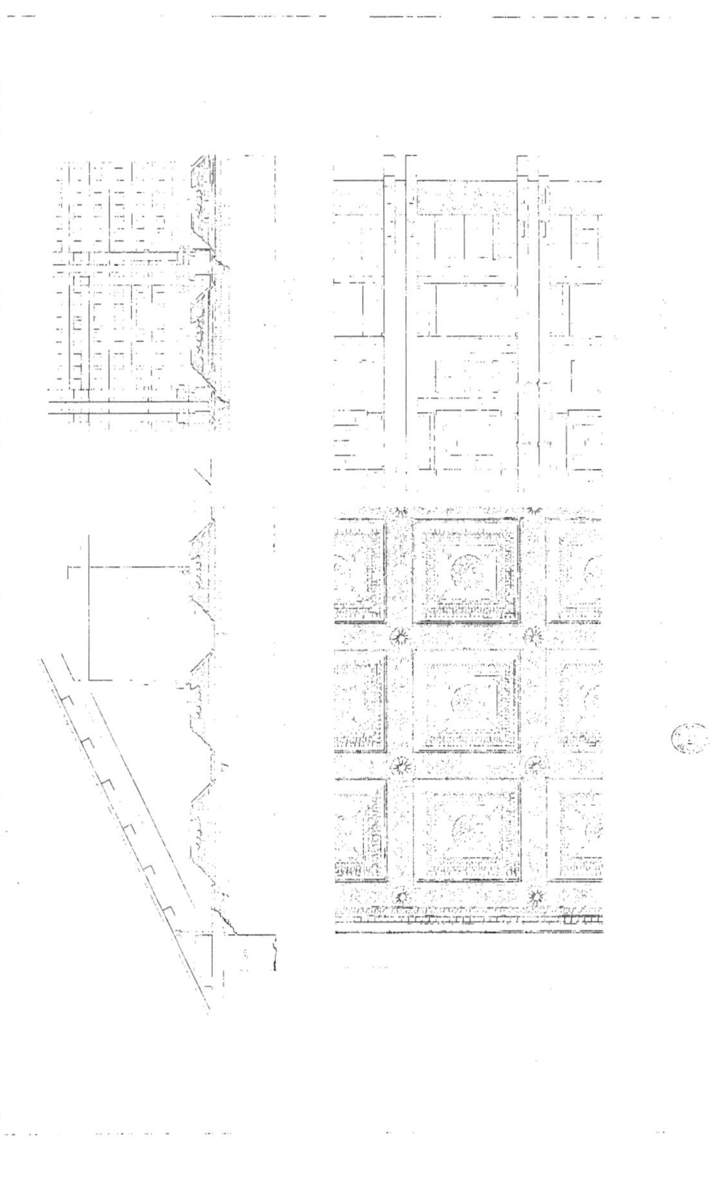

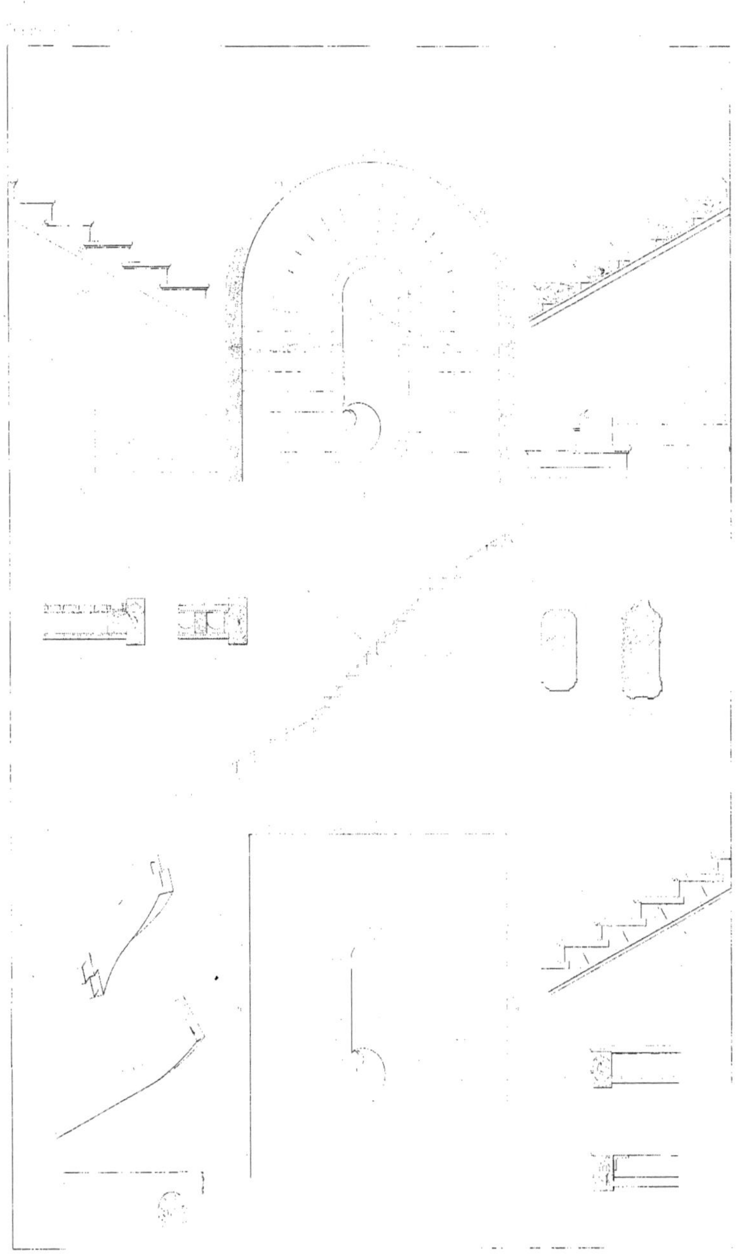

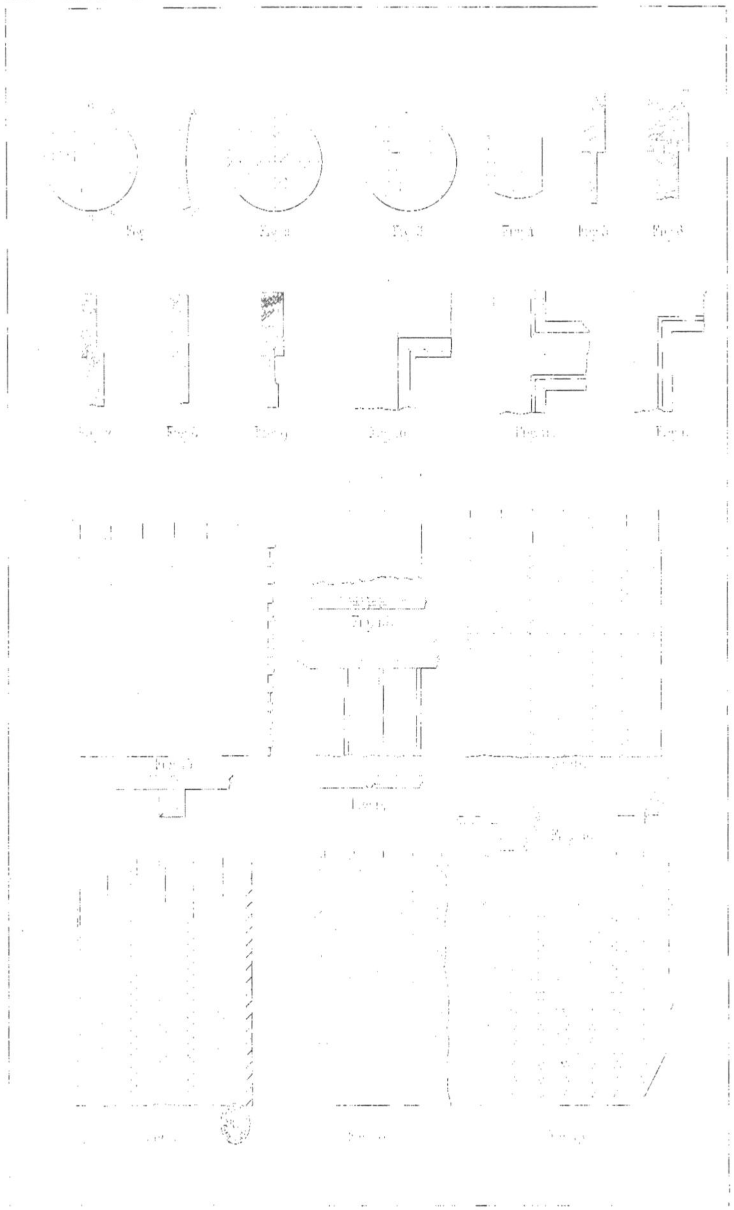

Fig. 3

Fig. 4

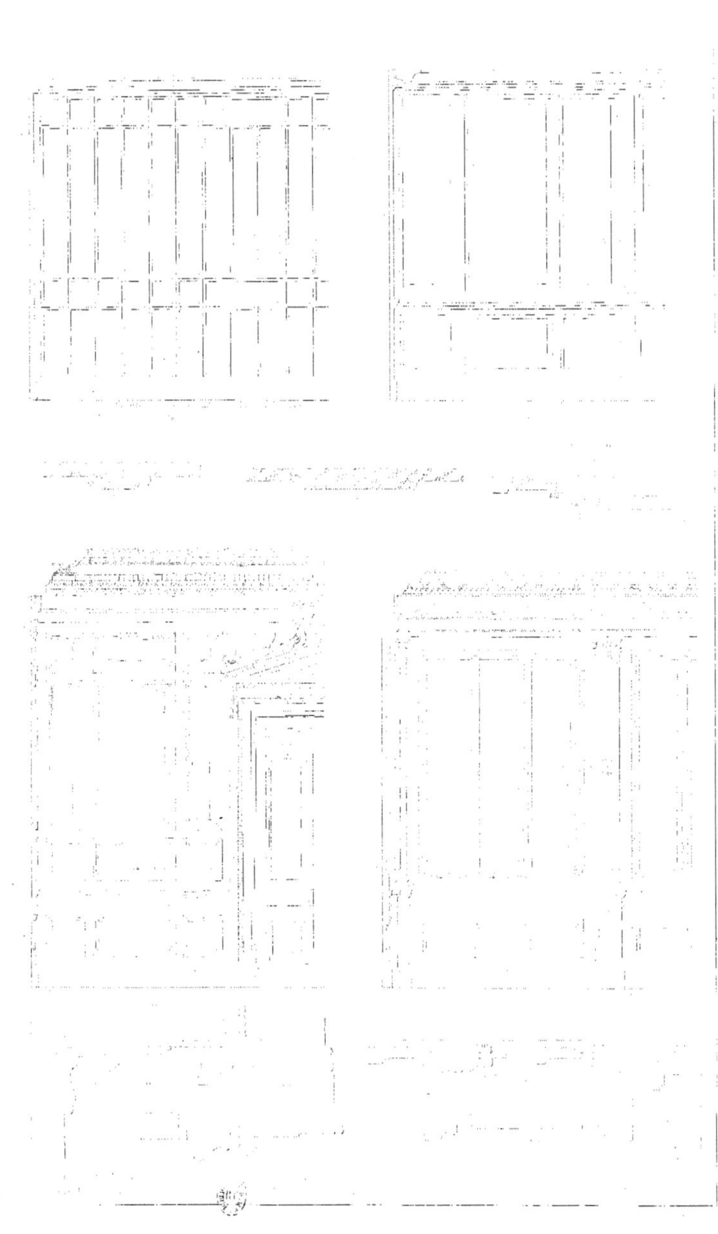

Fig. 2

Fig. 1

Fig. 3

Fig. 5

Fig. 6

Fig. 10

Fig. 8

Fig. 7

Fig. 9

Fig. 13

Fig. 12

Fig. 2

Fig. 3

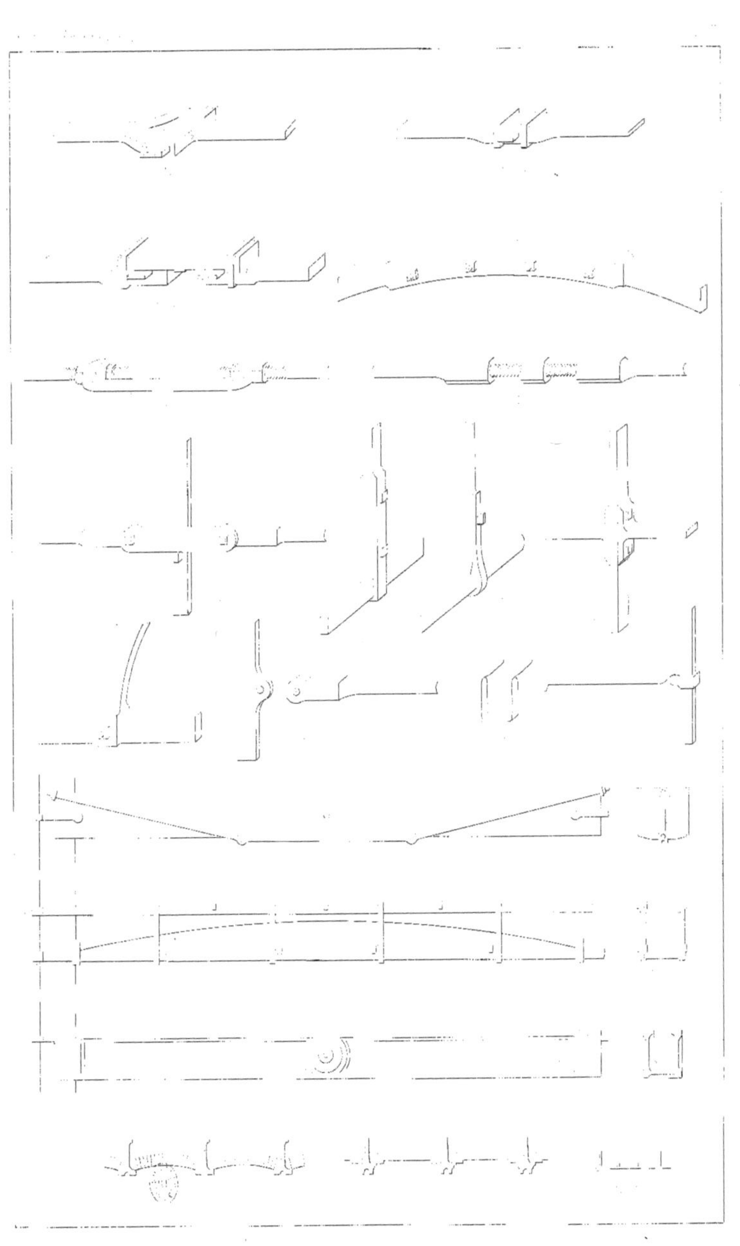

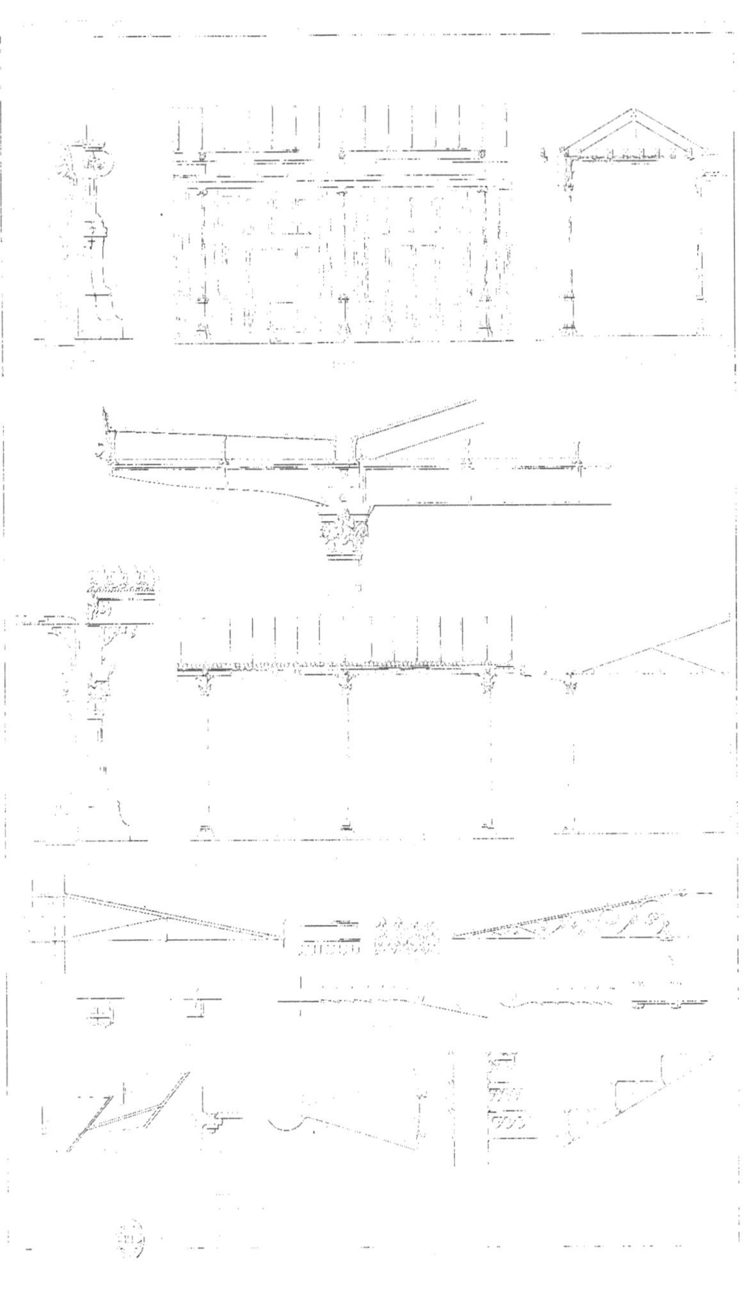

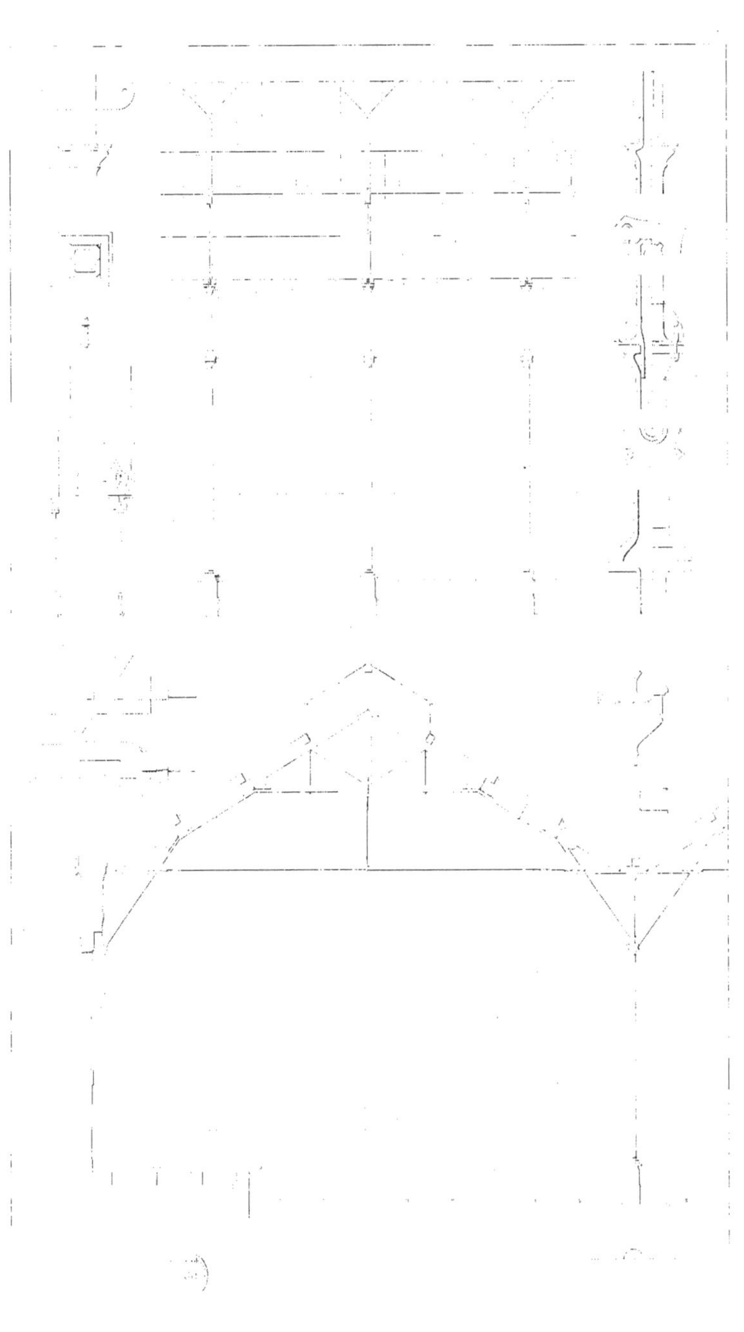

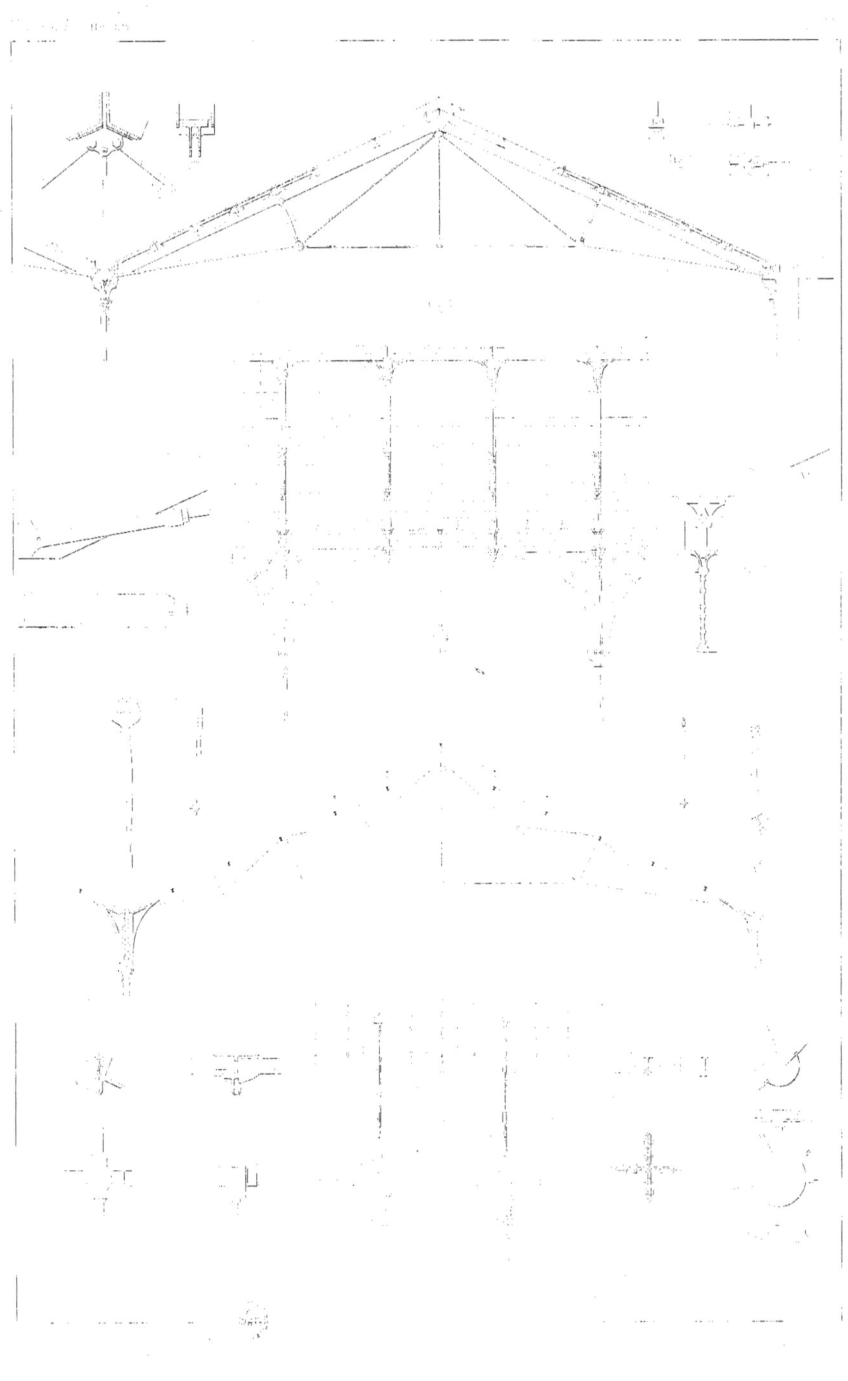

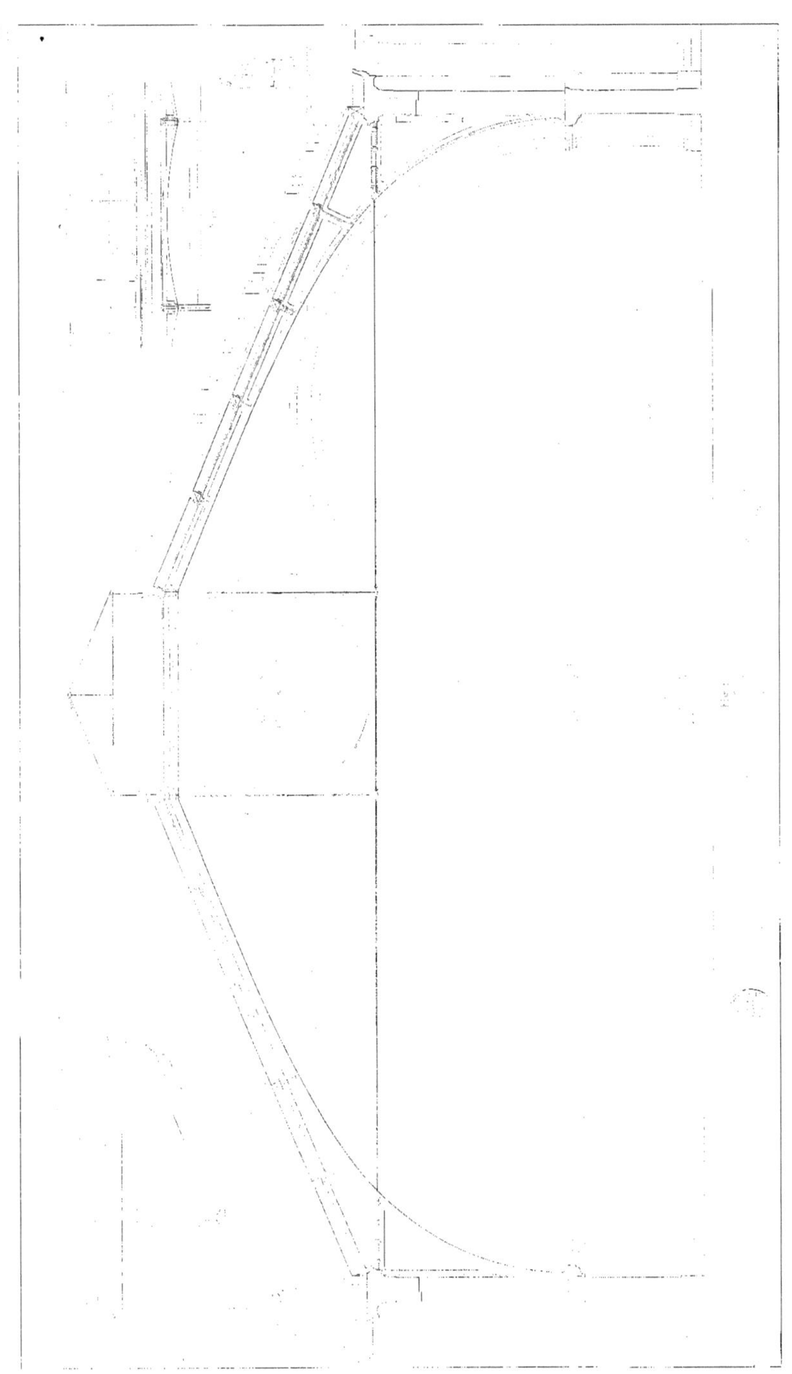

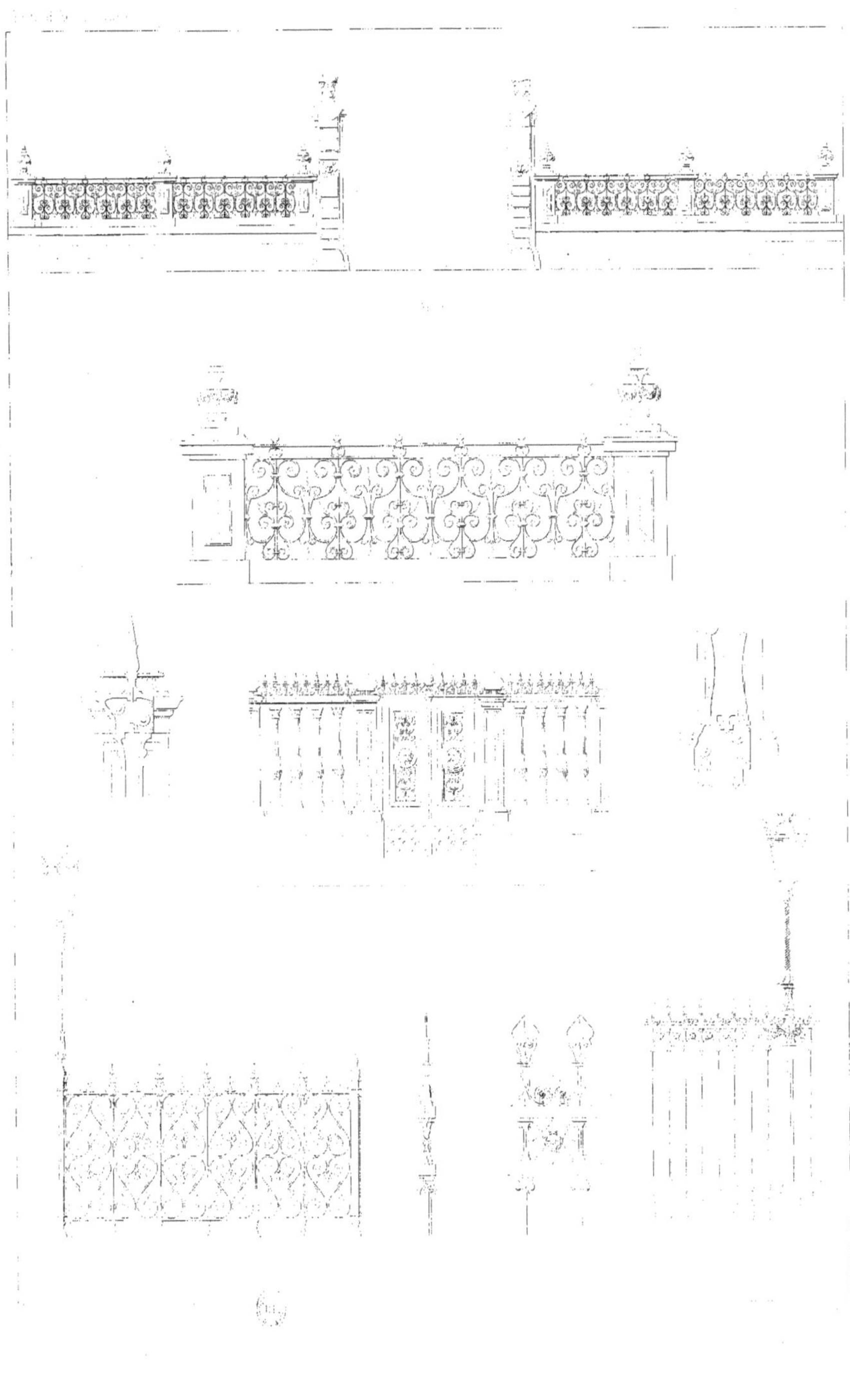

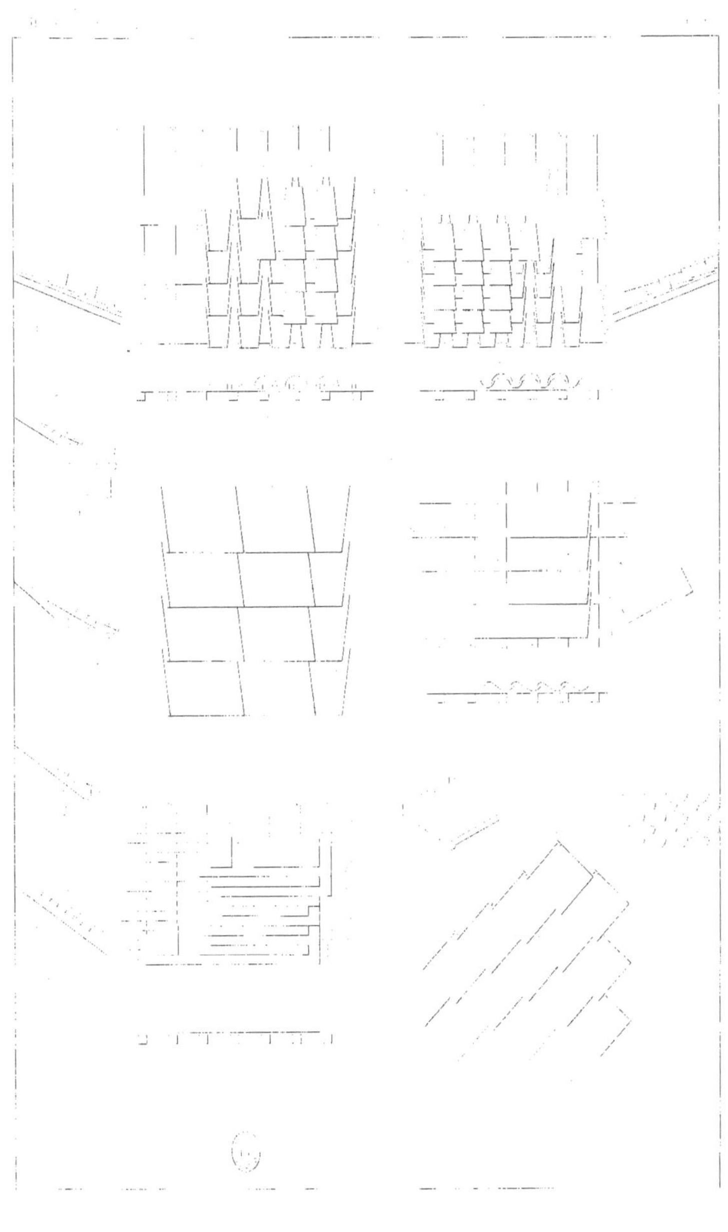

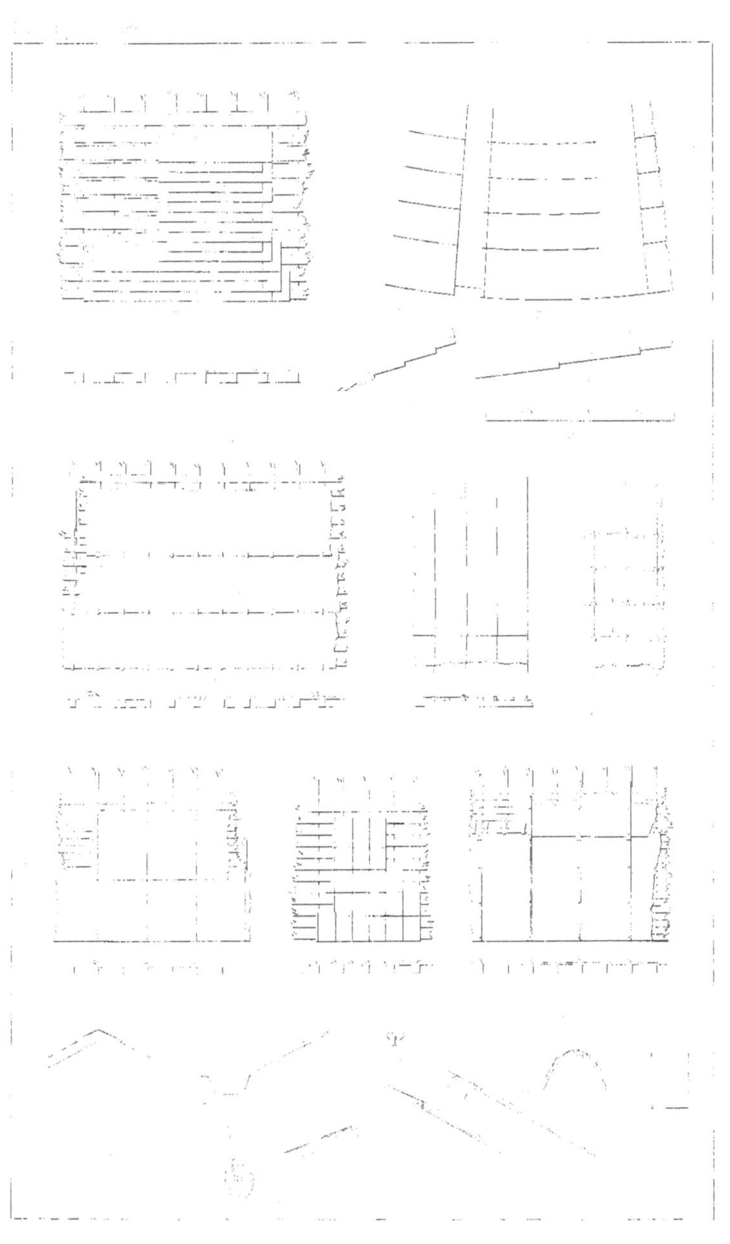

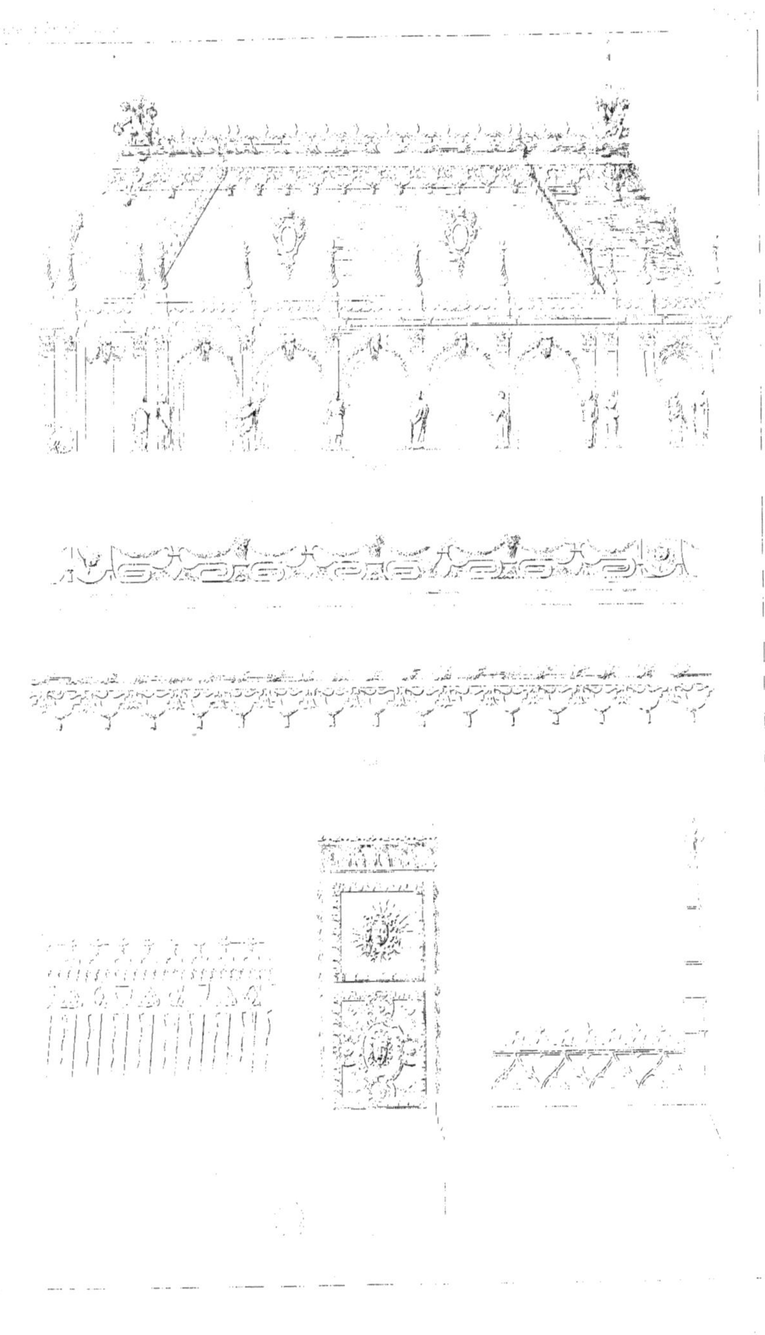

www.ingramcontent.com/pod-product-compliance
Lightning Source LLC
La Vergne TN
LVHW011959220826
846092LV00001B/207

* 9 7 8 2 3 2 9 6 1 1 8 8 4 *